JN001289

気持ちが伝わる！
好かれる英会話

長谷川 滋利

はじめに

　英語が母国語でない人は、誰しも英語初級者からスタートします。今でこそネイティブスピーカーから「流暢な英語を話しますね」と褒めてもらえる僕もそうでした。本書の中でも書いていますが、学生時代にずっと英語を勉強していたのに、**Where are you staying at?**（どこに泊まってるの?）」すらも聞き取れないところからのスタートでした。

　本書ではそんな英語初級者から中級者ぐらいの人に向けて、英語を話す外国人と仲良くなれるきっかけを作れるフレーズを、伝えたいテーマごとにまとめました。

　それらはどれも「好かれる表現」で、「親しみやすく見える」「誠実で信頼できそう」「きっちり仕事をしそう」「気遣いができそう」「一緒にいると楽しそう」といった印象を相手に与えるものです。

　こう説明すると特別なフレーズを使うように思えますが、実はそんなことはありません。仕事でも生活でも使える本当にシンプルなフレーズで、相手に好感を持ってもらえます。

「なるべくシンプルで使いやすく、そして気持ちが伝わ

るフレーズ」を厳選しましたので、それらをぜひあなた
の日常で活用してください。

「恥ずかしがらない」＋「努力を隠さない」

　英語を話すときに注意してもらいたいことがあります。
それは「伝わらなかったら恥ずかしい」「話が続かなか
ったらどうしよう」などと不安に思わないこと。日本人
は諸外国の人に比べて「恥ずかしい」と思いすぎではな
いでしょうか。

　僕がメジャーリーグにいたときは、英語が母国語では
ない選手も、めちゃくちゃな英語を堂々と使っていまし
た。もちろん、そんな英語を使い続けていいわけではあ
りませんが、最初はそれでいいんです。「今はあまり話
せませんが、これから勉強していきます。教えてくださ
い」という姿勢が相手に伝わるだけで、あなたは好感を
持ってもらえるはずです。

　日本人は恥ずかしがって黙って話を聞いてしまったり、
家できっちり勉強してから完璧なフレーズで話そうと考
えたりしがちですが、それだと英語はなかなか上達しま
せんし、外国人とも仲良くなれません。

　恥ずかしくてもいいから積極的に話しかけ、自分の気

持ちや考えを伝える。そうやって交わした会話の中から伝わるフレーズを覚えていく。「恥ずかしがらない姿勢」と「学習意欲を隠さない（成長していくところを見せる）」ことが大事です。

日本語を一生懸命勉強している外国人がそばにいたら、応援したくなりませんか？ それと一緒です。話し相手になってもらっていた相手に「君のおかげでここまで話せるようになったよ」なんて伝えたら、きっとすごく喜んでもらえることでしょう。

自分の意見をしっかり持ち、伝える

英語を流暢に話せるようになっても、それだけで「好かれる」わけではありません。海外では日本より「自分の意見を持っている人」が好かれる傾向があります。内容がよく分からない話でも、それを聞いてどんなことを考え、感じたか。感想レベルでもいいので伝えることが大切です。外国人に好かれる条件は、「自分を持っていて、自分の言葉で発言できる」ことなのです。

加えて、あなたが「日本人であること」も、しっかり意識した方がいいと思います。諸外国の人たちから、英語で日本の歴史や文化などを聞かれることが多いからで

す。今はインターネットで世界中の国の歴史や文化を調べられます。ですから、昔より「（ネットで）日本の〇〇について知ってびっくりした。もっと詳しく教えてほしい」と聞かれることが増えています。そんなとき、自分の考えや意見を踏まえて語れると、相手との距離がぐっと縮まります。

　僕もそういった理由から、日本の歴史、特に江戸時代以降の歴史を大人になってから学び直しました。

　最後に、覚えたフレーズを使って相手に気持ちが伝わると、そのたびに英語を話すことが楽しくなります。たとえフレーズやイントネーションを間違えて笑われても、笑われたことをネタにしてさらに相手を笑わしてしまうぐらいの明るさで英語を使ってみてほしい。

　そんなことをしていたら、知らず知らずのうちに英語でしっかり気持ちが伝えられるようになっているはずです。ぜひ、楽しみながら英語を使っていきましょう。

2020年10月　長谷川滋利

Chapter2

信頼できる
"デキル人"のやり取りを!

9

Chapter**3**
"言いにくいこと"でも
しっかり言おう! ·············· 108

Chapter 4
"心を開いて"
相手と仲良くなろう!

Contents

Chapter 1

これなら英語でも
"づかみ"はOK！

Case 1

初対面の相手に
好感を持ってもらいたい

　初対面の相手と話すのは日本語でも少し緊張するもの。英語になれば緊張の度合いも増えることでしょう。どんな挨拶をすればいいか、変な発音で話していないか、文法は間違っていないか…。いろいろ考え込んでしまう人も少なくありません。そうなると、よくある儀礼的なフレーズを無難に使ってその場をしのいでしまいがちになります。これはとてももったいない。ぜひ、相手に好印象を持ってもらえる挨拶をしましょう。

「可もなく不可もなく」から一歩先へ

　初対面の挨拶と言えば、学校で **How do you do?** と習った人は多いと思います。ただこのフレーズは、今のアメリカではもはや死語。僕の周りでも聞いたことがありません。

　よく使われるのは **Nice to meet you.** や **How are you?** です。

　How are you? は「既知の相手」に使うと習ったかもしれませんが、初対面の相手にも使えます。ただし、こうしたフレーズは「可もなく不可もなく」といったところ。無難ですが、好印象を与えることはできません。

　そこで僕が強くオススメしたいのは、第一声で自分のファーストネームを伝える挨拶の方法です。日本の社会では違和感があるかもしれませんが、アメリカではお互いの名前を気軽に呼び合いながら、距離を縮めていく習慣があります。相手が取引先か比較的近い立場かに関係なく、こちらの誠意や親しみの気持ちを伝えられます。

相手が発音しやすい「ニックネーム」を

　ポイントは、自分のファーストネームが外国の人にとって発音しやすいかどうかということ。例えば「賢治（Kenji）」や「恵美（Emi）」のように、外国の人でも発音しやすい名前なら、そのままでOK。でも、「和義（Kazuyoshi）」のように相手が発音しにくい名前の場合は、**Kazu** など、呼びやすいニックネームにして伝えた方がいいでしょう。

　例えば僕は滋利（Shigetoshi）ですが、ニックネームを**Shiggy**（シギー）にしています。挨拶するときは、**Hi,I'm Shiggy!**。すると、初対面の相手でも皆、**Shiggy!**と気軽に声をかけてくれます。

　自分の名前が呼びやすいか、どんなニックネームが適切かは、英語のネイティブスピーカーを探して確認しておくといいでしょう。

　ちなみに、ファーストネームとは全く異なるニックネームを付けてもいいですよ。もしあなたがトム・クルーズ好きの男性なら、自分のニックネームを**Tom**にする。ジェームズ・ディーンなら**James**とか。え？　恥ずかしい？　いやいや、恥ずかしくなんてないですよ。相手は親しみを持って呼んでくれるはず。そこから話が弾むことだってありますしね。

　ただし、ニックネームは、一度決めたら簡単には変えられません。ですから、長く使えるニックネームをよく考えて決めましょう。

親しみを込めて挨拶をしたい

Hi, I'm <u>Shiggy</u>!

はじめまして。私はシギーです。

> **POINT**　相手が発音しやすく、覚えやすい、自分のニックネームを伝えよう！

　第一声で自分の「呼び名」（ファーストネームやニックネーム）を伝えると、相手との心の距離がぐっと縮まります。「親しくもない人にいきなり下の名前なんて…」という人もいるでしょう。

　確かにこうした挨拶は日本人同士だと唐突に感じるかもしれませんが、アメリカではごく自然。目上の人への挨拶でも失礼にはなりません。

　呼び名の基本はファーストネームです。「奈美（Nami）」など、相手が呼びやすい名前ならそのままでいいですが、僕の場合は「滋利（Shigetoshi）」が発音しにくいので **<u>Shiggy</u>**（シギー）にしています。**James（ジェームズ）** など、本名と関係のない呼び名を考えてみるのもいいでしょう。覚えやすいかどうかもポイントなので、いろいろ考えてみてください。

Nice to finally meet you.

ようやくお会いできましたね。

　メールや電話でのやり取りがあった後での初対面は、**Nice to meet you.**に **finally**（とうとう、ようやく）という副詞を加えると、「お会いするのが楽しみでした」という気持ちが伝わります。こうしたちょっとした表現の工夫で、相手が受け取る印象は大きく変わります。

How have you been?

お元気でしたか?

　しばらくぶりの相手には、**How have you been?**（お元気でしたか？）のように、現在完了形の **~ have been ~**を使えば、「会ったのはちょっと前ですが」というニュアンスを伝えられます。久しぶりというシーンでは、**How's it going?**、**How's everything?**（調子はどう？）なども使えますが、若干カジュアルな表現です。

One Point Lesson

海外ドラマの
安易なマネに注意

　海外ドラマや洋画で見かける **Hey, what's up?** という挨拶。いかにも自然な表現で使ってみたくなりますが、訳せば「最近どうよ？」になるので、ビジネスシーンなどでは不向きです。また、初対面の挨拶として習う **How do you do?**（はじめまして）は、アメリカでは古臭い表現。それなら無難に **Nice to meet you.**（お会いできてうれしいです）や **How are you?**（いかがお過ごしですか？）を使う方がいいでしょう。

"Hey, what's up?"
"How do you do?"

"Nice to meet you."
"Hi, how are you?"

Case 2

自己紹介後の
緊張をほぐしたい

　ビジネスでアメリカを訪れる日本人が、名前を名乗る
のと同時に名刺を差し出すシーンを見ると「それはない
よなぁ…」と思ってしまいます。一見、気さくに見える
アメリカ人も、初対面は緊張するし、相手がどんな人間
なのか、様子をうかがおうとします。そんな中、いきな
り名刺を渡すのはどうでしょう。雑談などで打ち解けて
から渡せばいいと思うのです。ですから名刺は焦って渡
さず、まずは相手と打ち解け合える言葉のキャッチボー
ル、つまり「雑談」から会話を始めてみてください。

　では、どんな雑談をしたらいいか。日本語でも雑談が
苦手な人は意外と多いと聞きます。でも、頭を悩ませる
必要はありません。「ご近所さんと顔を合わせたときく
らいの気軽さ」で話せばいい。

　例えば、「天気の話題」は定番。気候が安定している
カリフォルニアでは、**Nice weather all the time!**（今

日も快晴ですね）などと、よく声をかけ合います。

　遠方から来てくれた人には、**How was your trip?**（移動は快適でしたか？）、**How was your flight?**（空の旅はどうでしたか？）と、相手を気遣うフレーズを使ってもいいでしょう。

　日本人があまり話さない話題もあります。1つは家族。アメリカでは、ビジネスシーンか否かにかかわらず、相手の家族を気遣ったり、自分の家族の近況を伝えたりすると、相手に心を開いていることを示せます。

　相手の家族をよく知らない場合でも、**How's your family?**（ご家族はお元気ですか？）と声をかければいい。相手の返答から、既婚か、両親は健在か、子供の有無などの情報を聞き出せます。

　一度家族の話をしておくと、次からは **How are your parents doing?**（ご両親はいかがお過ごしですか？）などと、さらに打ち解けた会話をすることができるようになります。

　「地元のプロスポーツの話題」も定番です。熱烈なファンではなくても、大概の人は地元のチームに関心を持っています。相手の地元がシアトルなら、**So, how about them Mariners?**（マリナーズは最近どうですか？）などと聞くといいでしょう。野球のほか、バスケットボー

ルやアメリカンフットボールなどの競技で地元のチーム名やスター選手を事前に調べて話題にすると、相手は喜んでくれると思います。

「練習しすぎない」ことも大切

　英語初級者で気をつけたいのは「質問を練習しすぎない」こと。丸暗記している質問フレーズを流暢に話してしまうと、相手は「英語が分かる人だ」と勘違いして、普段の速さで返事をしてきます。こうなると何を話しているか理解できなくなります。「相手に散々しゃべらせたのに、実は全く理解できていなかった」となったら、相手に失礼です。そうならないように、英語初級者のうちは、あえてゆっくり話す工夫も必要です。

　それと、政治や宗教の話題は避けましょう。外国に住む人たちは、そうした話題に敏感です。政治や宗教について尋ねられても、**I'm not sure at this moment.**（今は何とも言えないです）などとお茶を濁すのも、友好な関係を築くコツです。

雑談を始めたい

California has nice weather all the time.

カリフォルニアはいつも天気がいいですね。

> **POINT**　アメリカでも天気の話題は会話のきっかけを作る定番です

　初対面は誰でも緊張するもの。そんなときは「気軽に答えられる話題」を投げかけ、お互いの緊張をほぐしましょう。

　気軽に話せる話題は、万国共通で「天気」の話です。「天気がいいですね」といった挨拶をするのは日本人だけではありません。初対面か親しい相手かにかかわらず、天気の話題は話しやすくて会話のきっかけにぴったりです。散歩ですれ違った人でも構いません。**It's very hot today**.（今日はとても暑いですね）、**It's rainy today.**（今日は雨ですね）などと、話しかけてみましょう。相手も気軽に答えてくれるはず。

　そんなちょっとした挨拶から仲良くなることも少なくないのです。

明るい雰囲気を作りたい

Where are you going for dinner?

今夜はどこへ食事に行くのですか?

　食の話題は、明るい雰囲気を作れる格好のネタ。**What are you having for dinner?**（今夜は何を食べる予定ですか?）や、**Do you like sushi?**（お寿司は好き?）などと話すとスムーズに会話が続いていきます。

趣味の話題で話を盛り上げたい

Are you a coffee person?

コーヒー党ですか?（コーヒーは好きですか?）

「共通の話題」を積極的に見つけようとする姿勢は、相手に好感を抱かせます。**Are you a〈名詞〉person?**（〜は好きですか?）は、**Do you like〈名詞〉?** と同じぐらい使われるフレーズです。**Are you a dog person or a cat person?**（あなたは犬派?猫派?）というように「どっち派?」というような質問にも使えます。

家族の話題には
「落とし穴」がある

「家族」の話をすると、互いの距離がグッと近づきます。家族構成を知らない場合でも、**How's your family?**（ご家族はお元気ですか？）と聞いていいでしょう。ただし、注意点もあります。アメリカは離婚率が高いので、既婚者だと聞いていても **How's your wife?**（奥様は元気ですか？）や、**Are you married?**（結婚していますか？）といった質問は、避けた方が無難です。

"How's your wife?"
"Are you married?"

"How's your family?"
"How's your son?"

Case 3

「英語が得意でない こと」を伝えたい

　英語に自信がないと **I'm sorry. I'm not good at English.**（申し訳ありません。僕は英語が得意ではありません）と言いたくなりますよね。私もそうでした。しかし、ある体験によって、その考えは変わりました。

英語初級者だからといって謙遜しすぎなくていい

　球団の集会でスピーチを頼まれた私は、冒頭で **I'm not a native English speaker.**（私は英語のネイティブスピーカーではありません）と、英語が得意でないことを伝えました。それが良いマナーだと信じていたからです。ところがスピーチを終えた後に、同じチームのアメリカ人選手から「あの一言は要らないよ。だってこの会場には君より英語が下手な外国人がたくさんいるじゃないか」と言われました。確かに会場には中南米から来

たばかりで、僕より英語が得意でない選手がたくさんいたのです。

多種多様な民族が暮らすアメリカでは、「謙遜」の気持ちから言った「英語は苦手です」という一言が、逆に失礼になることもあると知りました。

そこで僕が考えたのは、挨拶や自己紹介の最後に **That's all I can say in English.**（私が英語で言えるのはこれだけなんですよ）と、軽いジョークにして伝える方法です。「苦手です」と堅苦しく宣言するのではなく、「ちょっと苦手なんですけどね」というニュアンスを、自然に伝えられます。

また、英語でしっかり挨拶できるようになると、これまで以上に英語で話しかけられるようになります。そんなとき、相手の言っていることが理解できなければ、何度でも聞き直すことも大切です。

「聞き直すのは相手に失礼では？」と思う人もいますが、曖昧な理解のまま聞き流す方が失礼です。

使える「聞き直し」のフレーズ

聞き取れなかったところをもう一度繰り返してほしいときは、**Excuse me?** や **Sorry?** でOK。しっかりと語

尾を上げて言うのがコツです。相手が早口なら、**Could you please speak more slowly?**（もう少しゆっくり話していただけますか？）、声が小さくて聞き取りにくいなら、**Could you please speak a little louder?**（もう少し大きな声で話していただけますか？）とお願いします。

　ゆっくり、大きく話してもらっても、話している単語やフレーズの意味が分からないと内容が理解できません。そんなときは、**Sorry, I don't quite understand.**（すみません、よく分かりません）と丁寧に伝えたうえで **Could you rephrase that?**（言い換えていただけますか？）、あるいは、**Could you please explain that in another way?**（違う言い方で説明してもらえますか？）と頼むといいでしょう。

　この「聞き直し作戦」はとても有効です。僕も英語初級者の頃は、これで数多くのピンチを乗り切りました。英語の力を伸ばす絶好の機会にもなるので、ぜひ実践してみてください。

英語がちょっと苦手なことを自然に伝えたい

That's all I can say in English.

私が英語で言えるのはこれだけです（笑）

> **POINT** 「英語が苦手ですみません」と謝るのは、日本人の悪いクセ！

　たとえ英語が流暢に話せなくても、「私は英語が苦手です。ごめんなさい」と謙遜する必要はありません。状況によっては、必要以上に卑屈になりすぎている印象を相手に与えます。

　また、自分より英語が苦手な人がその場にいたら、その人に対して失礼になります。ではどうするか。僕の場合は、**My name is Shiggy. Nice to meet you. That's all I can say in English.**（私の名前はシギーです。お会いできてうれしいです。私が英語で言えるのはこれだけなんですよ）と、ジョークを交えて伝えれば、英語がちょっと苦手だということを分かってもらえるでしょう。英語初級者の方にお勧めの方法なので、ぜひ実践で試してみてください。

Sorry, I don't quite understand.

すみません、よく分かりません。

挨拶のフレーズがうまく伝わるようになると、相手は「英語が普通に通じる人だ」と思い込み、早口でペラペラ話しかけてきたりします。そんなとき、「分かったふり」をするのはよくありません。分からないときは、それをはっきり告げるのがマナーです。

分かりやすい表現に言い換えてもらいたい

Could you rephrase that?

言い換えていただけますか?

この**rephrase**は「〜を言い換える」、「〜を言い直す」という意味です。**that** は「相手が言ったこと」を指します。このように「分かりやすい表現に言い換えてください」と相手に求めることは、失礼ではありません。言い直して伝われば相手もうれしいはずです。

聞き直すときは
語尾を上げる

Excuse me は語尾を下げると「すみません」と
いった意味ですが、語尾を上げれば「もう一度お願
いできますか？」と聞き直すフレーズになります。
Sorry も同様。**Pardon?** も聞き直しのフレーズと
して学校で習いますが、やや古臭い表現です。ドラ
マなどでよく耳にする **What?**（何だって？）はか
なりカジュアルな表現なので、親しい友人や家族以
外には使わない方がいいでしょう。

"Pardon?"
"What?"

"Excuse me?"
"Sorry?"

Case 4

相手の外見を
褒めたい

　現役時代、デッドボールぎりぎりの内角球を投げにくいと感じるバッターがいました。彼らの共通点は褒め上手。試合前、笑顔で僕に近づいてきては「調子がいいね」「いい球を投げるね」と褒めてくる。「少しは手加減して投げてくれよ」ということなのでしょう。とはいえ、投げにくくなるとはいっても、実際は厳しく内角を攻めましたけど（笑）。

　ただ、相手を褒めて損をすることはありません。日本人は褒めることにも、褒められることにも照れがあり、苦手と感じる人が多いのですが、欧米人にとって褒め言葉は挨拶のようなもの。英語でコミュニケーションを取る場合は、照れずに相手をどんどん褒めましょう。

　相手の何を褒めたら効果的か。最も無難な褒めアイテムは、「靴」ではないでしょうか。日本では靴を褒めることに馴染みがない人が多いと思いますが、アメリカで

は、**I like your shoes.**（素敵な靴ですね）、**Those are nice shoes!**（その靴、かっこいいですね）などと、相手の靴をよく褒めます。お互いに靴を見て褒め合ったりするので、TPOに合わせて履いていく靴の選択や手入れに気を配りましょう。

「服」を褒めるときは、少し注意した方がいいかもしれません。男性が女性の服をじっと見つめながら**You look gorgeous!**（とても華やかで素敵ですね）と言うと、「セクシーだね」という"いやらしい意味"で受け取られる可能性があります。また、男性が男性の服を褒めると、同性愛者と勘違いされたりします。

このため、服を褒めたい場合は、**gorgeous**（華やかな）、**amazing**（驚くほど素敵な）といった大げさな形容詞を使わず、**You look great!**（とても素敵な服ですね）くらいの表現にするといいでしょう。

「スタイルの褒め方」にはコツがある

健康を保つために日頃からトレーニングをしている相手なら、「体形（スタイル）」を褒めてもいいでしょう。僕はよく**You're in good shape.**（引き締まった体形だね）と褒められます。現役を引退すると気が抜けて太っ

てしまうスポーツ選手が多いからです。

　相手が明らかにダイエットに成功しているように見えたら、**You look great! Have you lost some weight?**（スッキリしましたね。体重落としました？）と言ってみる。**Do you work out?**（体を動かしていますよね？）もスタイルを褒めているニュアンスが伝わります。

安易に言ってはいけないシーンも

　出張や赴任で日本を訪れている欧米人に体形の話をして盛り上がったら、お薦めのフィットネスクラブを紹介してあげてみてもいいでしょう。そうしたことから、商談がスムーズに進むことがあるかもしれません。

　注意したいのは、スリムな体形の人に**You're skinny.**（痩せてますね）とストレートに言わないこと。「不健康に見えますね。病気？」という悪いニュアンスで捉えられてしまう可能性があります。

相手のファッションを褒めたい

I like your shoes.

素敵な靴ですね。

POINT　相手の「ファッション」を褒める場合は、年齢・性別を問わず「靴」を褒めるのが無難です。きっと喜んでもらえるでしょう

「外見」を褒められるとうれしくなるのは、万国共通。ですが、「服」を褒める場合は注意が必要です。言い方を間違えると逆効果になります。

例えば、胸元が大きく開いた服を着ている女性に、**I like your shirt.**（素敵な服ですね）と言えばセクハラになりかねません。

その点、「靴」は無難な褒めアイテム。特別な色や形をした靴でなくても普通に **I like your shoes.**（素敵な靴ですね）と褒めてみてください。「その靴を選んだあなたのセンスはいいですね」という気持ちを伝えられます。自分のファッションセンスを褒められたら、それだけでうれしくなるものです。

シンプルなフレーズですが、とても効果的なので日常的に使ってみてください。

相手のスタイルを褒めたい

You're in good shape.

スタイルがいいですね。

　相手にダイエットやトレーニングの成果が見られるようなら、そこを褒めましょう。ただし、痩せている人に対してストレートに **You're skinny.**（痩せていますね）と言うのはNG。英語圏では「不健康ですね」という悪いニュアンスで捉えられることがあるからです。

相手の髪型を褒めたい

I love your hair today.

今日の髪形、いいですね。

　相手が女性の場合、「ヘアスタイル」を褒めるのも効果的です。ミーティング時に、女性の髪形の変化に気づいて褒める。日本人の場合、異性を褒めることに慣れていない人が少なくありませんが、恥ずかしがらずに褒めてみてください。

誤解される危険
を避けよう

　「外見」を褒める場合は、形容詞の選び方に注意。「素敵ですね」という意味でも、男性が女性に対し、**gorgeous**（華やかな）や **amazing**（驚くほど素晴らしい）を使うと「とってもセクシーだね」といったニュアンスに受け取られる可能性があります。

　無難な表現の **great**（とても素敵な）、イベントなどで特に着飾った相手に使うなら **awesome**（とりわけすごい）を使って褒めるといいでしょう。

"You look gorgeous."
"You look amazing."

"You look great."
"You look awesome."

Case 5

相手の「仕事ぶり」や 「会社」を褒めたい

　メジャーリーグの世界ではトレード（球団間での選手の移籍・交換）が珍しくはありません。新天地に移った場合、プレーに集中するためにチームメートや指揮官、フロントのスタッフとできるだけ早く"友好な関係"を築く必要があります。これは会社勤めの人が転勤や転職したときと同じだと思います。

　初対面の相手と打ち解けるのが得意な人に共通するのは、人を褒めるのがうまいこと。そんな彼らを見て、私も"褒め上手"を目指すようになりました。

　シアトル・マリナーズ時代、チームメートにジェイミー・モイヤーという投手がいました。数々の球団を渡り歩き、49歳まで現役を続けた名選手です。

　彼はとても褒め上手でした。そんな彼を褒めて喜んでもらった経験があります。研究熱心なモイヤーはミーティングのときに一生懸命メモを取ります。ある日、僕は

彼からノートを取り上げるふりをして、**I could never write that well. I'll keep these.**（僕にはとてもこんなにうまく書けない。このノート、僕がもらうよ）と言いました。冗談交じりの褒め言葉です。それを彼はとても気に入ってくれました。

こうした褒めるテクニックは、僕が現役引退後に始めた投資ビジネスや人脈作りにも役立っています。例えば、メールや電話でやり取りした相手と初めて顔を合わすときには、**I'm so excited about this opportunity.**（お会いする機会を頂いてとても興奮しています）と声をかける。ポイントは**so excited**と言うところ。日本人同士なら仕事で会うだけで「実際に会って興奮しています」なんて言うのはちょっと大げさですよね。でもアメリカではこれくらいがちょうどいいのです。

"褒めどころ"を探す

一緒に仕事をしている間柄では、相手の「仕事ぶり」を観察して、褒めるポイントを探してみましょう。ミーティングの後は声をかける大きなチャンス。**You're quick at making decisions.**（決断が速いですね）、**You're so sharp.**（鋭い発想をしますね）など、相手を観察

して感じたことを、素直に言葉にするのがコツです。

ほかにも「相手の会社」を褒める方法もあります。

例えば訪れた社屋の外観や内装が豪華だったら、**Wow! This is gorgeous!**（とても立派ですね）と言ってみる。初めて訪問する会社の場合は、定番フレーズとして使ってみるといいでしょう。こう言われて嫌な気持ちになる人はいません。

評判の良い会社なら、**I've heard good things about your company.**（あなたの会社の良い噂を聞いていますよ）と伝えたり、業績が好調なら**It looks like you guys are doing well.**（御社は業績が順調のようですね）と感心してみせてもいいと思います。

何かの賞を受賞した直後なら、**Congratulations on receiving the award.**（受賞おめでとうございます）と褒めてみると効果的です。

有効な関係が築けるだけでなく、場の空気が和んで意見や主張も通りやすくなる褒め言葉。相手に好印象を持ってもらえるので、ぜひ積極的に試してみてください。

相手の「仕事ぶり」を褒めたい

I could never 動詞 that well.

私にはそこまでうまく〇〇できません。

POINT 謙遜して相手を持ち上げる表現が有効です

　相手の「仕事ぶり」を褒めるときは、「さすがですね」というニュアンスをうまく伝えるといいでしょう。具体的には、**I could never 動詞 that well.** を使って「私にはそこまでうまく〇〇できません」と言ってみる。この謙遜フレーズは万能なので、相手の仕事の進め方で"すごい"と思う点を見つけて褒めてみてください。

　例えば、熱心にメモを取っている人であれば、僕がチームメートに言ったように、**Your notes look great. I could never write that well.**（素晴らしいメモですね。私にはそんなにうまく書けません）と言ってみる。

　ビジネスパーソンなら、何より仕事を褒めてもらえることがうれしいと思います。きっと相手はとてもいい気分になることでしょう。

相手の「オフィス」を褒めたい

This is such a nice office.

とても素敵なオフィスですね。

　お世辞と分かっていても、自分のオフィスを褒められて悪い気になる人はいません。さらにもっと大げさに **This is gorgeous. I can't wait to see inside.**（立派ですね。中を見るのが待ちきれません）と褒めてもいいと思います。

相手の「受賞」を褒めたい

Congratulations on receiving the award.

受賞おめでとうございます。

　相手の「会社」を褒めるタイミングでは、その会社が何かの賞を受賞したときが絶好のチャンスです。

　シンプルに「受賞おめでとうございます」と言うだけでも十分だと思います。相手に敬意を表していることが伝わります。

褒められたときは「謙遜」しない

提案内容やプレゼン方法について相手から褒められたときは、素直に **Thank you.**（ありがとう）や、**I'm flattered.**（そう言ってもらえてうれしいです）と言うといいでしょう。日本人がよく使う謙遜のフレーズ **Oh, not really.**（そんなことはないですよ）や **No. That's not true.**（いや、とんでもないです）などと返すのは、英語圏では不自然に聞こえます。

"Oh, not really."
"No. That's not true."

"Thank you."
"I'm flattered."

新しいメンバーを
歓迎したい

　新しいメンバーを迎え入れるときは、相手が安心できるような言葉をかけましょう。そうすると周囲にいい空気が生まれます。

　英語で歓迎の意を表す言葉といえば、**Welcome.**（ようこそ）を思い浮かべると思いますが、実は使うタイミングには注意が必要です。例えば新入社員に**Welcome aboard.**（我が社へようこそ）と言えるのは、入社手続きが完了し、上司などから正式に紹介を受けたときか、その後です。

　メジャーリーグの例を挙げましょう。メジャーリーガーや監督・コーチにとって、他球団への移籍は日常茶飯事。移籍の情報が事前に広まっていたり、内定を得た人が非公式に合流したりすることもよくあります。そういったメディアで移籍が報じられている段階の選手や就任に備えてキャンプに招待されたコーチに対して、

Welcomeはふさわしくありません。

このようなケースでは、まだ**guest**（ゲスト）として対応すべきで、相手の正式な肩書を知らずに**Welcome**を使うのはマナー違反になります。

会社の場合、自分の部署に入社する予定のインターンが来ても、「ゲスト」と見なします。初対面の挨拶は**Nice to meet you. I'm Shiggy.**（初めまして。私はシギーです）などと当たり障りのない表現にとどめておきましょう。

一方、シーズンを共に戦う仲間として、あるいは同じ会社で汗を流す同僚になることが正式に決まり、上司から紹介を受けた相手の場合には、**Welcome to our team.**（我がチームへようこそ）のフレーズを使っていいでしょう。

使い勝手のいい、Great to meet you.

正式な挨拶を済ませた後は、プライベートでも歓迎の意を伝えましょう。使い勝手がいいのは、**Great to meet you.**（仲間になってくれてとてもうれしいです）というフレーズです。**Nice to meet you.**（お会いできてうれしいです）の**nice**を**great**に置き換えただけですが、相

手を歓迎する気持ちがより強く伝わります。

このほか、**We are excited to have you as part of our team.**（チームの一員としてあなたを迎えることができて、とてもうれしいです）や、**I couldn't wait to meet you.**（あなたに会うのが待ちきれませんでした）、**I've heard a lot about you.**（いい噂をたくさん聞いていますよ）なども使えます。

もし相手が緊張して硬い表情をしていたら、周囲に**Let's have fun!**（盛り上げていこう！）と言って緊張をほぐしてあげてもいいですね。

笑いを誘いたいなら、**I was so excited I couldn't sleep last night.**（昨夜は興奮しすぎて眠れませんでした）などと、おどけてみせてもいいかもしれません。「そんなことないでしょ」と笑ってくれたら成功です。

歓迎シーンでは相手の表情や態度を観察し、相手の気が楽になるフレーズを場によって使い分けられるようになるといいですね。

相手がどんな人か分かっていたら、その人にぴったりの歓迎フレーズを用意しても効果的です。

迎え入れる側の立場で歓迎の意を表したい

Welcome aboard.

（我が社へ）ようこそ。

POINT　Welcomeは正式に紹介された人に使います

　Welcomeには「相手を正式に迎え入れる」というニュアンスが含まれています。従って会社の場合は、上司などから正式に入社の紹介を受けた人に対して、**Welcom aboad.**（我が社へようこそ）と、迎え入れる側の立場で使います。

　ここで使っている**aboard**は、本来「（船や飛行機などの乗り物に）乗って、搭乗して」という意味ですが、この場合は会社を乗り物に例えて「あなたの乗船＝入社を歓迎します」という意味で使います。

　歓迎行事でのスピーチの場合、冒頭で**Welcome aboard, ××（相手の名前）**（××さん、ようこそ！）などと使います。これは定番フレーズなので覚えておきましょう。

個人的に歓迎の意を伝えたい

Great to meet you.

仲間になってくれて、とてもうれしいです。

「迎え入れる組織の一員」という立場を離れて、個人としての思いを伝えたいときは**Welcome**を使わずに、**Great to meet you.**と言いましょう。**Nice to meet you.**の**nice**を**great**にするだけで「心から歓迎します」という気持ちをより強く伝えられます。

その場を盛り上げたい

Let's have fun!

盛り上げていこう!

新しいメンバーが緊張して硬い表情をしていたら、仲間の前でこんなふうに声をかけてあげるといいでしょう。「困難も楽しみながら乗り越えていこう!」というニュアンスが含まれているので、ピンチに陥っているときにも使えるフレーズです。その場の空気が良くなる効果が期待できます。

「謙虚な一言」
で返す

Thank you for this opportunity.

　歓迎上手なアメリカ人は **I was so excited I couldn't sleep last night.**（昨夜は興奮しすぎて眠れませんでしたよ）などと大袈裟な表現で場を盛り上げようとします。それにつき合って **I am super excited, too!**（私も興奮しています！）などと返すのはちょっとNG。初対面なのに軽いヤツだなと思われてしまうことがあるからです。

　謙虚に **Thank you for this opportunity.**（このような機会を頂いて感謝しています）や、**I will do my best.**（最善を尽くします）などと返すといいでしょう。相手に礼儀正しさや真面目さを印象づけることができます。

「つかみの一言」で
場を温めたい

　僕がアナハイム・エンゼルス（現ロサンゼルス・エンゼルス）に日本から移籍したときの入団会見は、現地で話題になりました。記者に「新チームで知っている選手は？」と質問された僕は、**The pitcher is Mickey Mouse. The catcher is Minnie Mouse. The first baseman is Donald Duck. Is that correct?**（投手はミッキーマウス、捕手がミニーマウス、1塁はドナルドダックかな？）と返したからです。

ユーモアをうまく混ぜて話す

　当時の球団オーナーは米ディズニー社だったので、この回答にはファンだけでなくフロントのスタッフも大いに喜んでくれました。

　これには裏話があって、実は日本で仲よくしていたア

メリカ人コーチから「チームやファンに受け入れられる
ためには最初が肝心。入団会見では一発かましてや
れ！」とアドバイスされていたのです。関西人の僕は人
を笑わせるのが大好きなので、事前にウケそうなネタを
考えて準備していたわけです。

　ちなみに、その翌年にデトロイト・タイガースに移籍
した木田優夫投手は、入団発表の席に紋付き袴姿で現れ
て注目されました。英語表現ではありませんが、見た目
でツッコミどころを用意しておくのも手です。

　日本だと「最初は控えめに」というのが常識ですが、
アメリカはその逆。初対面であってもユーモアのある話
題を積極的に話す人が愛されるし、「この人はデキる」
という印象を与えます。

　では、どんな“つかみ”を用意しておけばいいか。簡単
なのは、「よく聞かれる質問」に対して、「面白い返事」
を考えておく方法があります。

　例えば米国出張時は、**How was your flight?**（フラ
イトはどうでしたか？）と聞かれることが多い。そう聞
かれたときの返事を考えておくわけです。そうですね、
この場合…。例えば、**I actually swam here from
Tokyo.**（実は東京から泳いできたんです）と言ってみて
はどうでしょう。「おいおい！　君はユニークなやつだ

な」と思ってもらえないでしょうか（笑）。

映画やテレビネタが"鉄板"

　アメリカで有名な映画やテレビ番組、スポーツ選手を
ネタにする方法も効果的です。例えば映画では「スタ
ー・ウォーズ」ネタが鉄板でしょうか。アメリカ人同士
でも頻繁に話題に上りますから。

　そういえば映画では、私はよくウケを狙って「ターミ
ネーター」の決め台詞 **I'll be back.**（また戻ってくる）
をマネていました。これが意外とウケるんです。

　ウケを狙わずとも、コメディー映画の話をするだけで
も場は和みます。私のお薦めは、アダム・サンドラーや
ウィル・フェレル主演の「ちょっとおバカ」な作品。日
本ではあまり観られていないようで
すが、アメリカでは大人気です。
「この間、あれ観たよ。大笑いした
よ」と話すだけで、初対面の相手と
打ち解けた経験が何度もあります。
会話のきっかけとなるコメディー映
画は見ておいて損はないでしょう。

Q How was your flight?

フライトはどうでしたか?

ユニークな返事をしたい(その1)

A1 I actually swam here from Tokyo.

A1 実は東京から泳いできたんです

　旅行や出張でアメリカに到着したばかりの人はよく、**How was your flight?**と声をかけられます。そんなときに**It was great.**(快適でした)と無難に返事をしても話は膨らみません。ここはユニークな一言を返して、お互いの距離がグッと縮めるチャンスです。

　上例のように「東京から泳いできた」などと言って、「お、なんか面白いこと言うやつだな」と思ってくれれば成功です。**I'm really good at swimming.**(泳ぐのがすごく得意なんです)とつけ足してもいいかもしれません。ここで大事なのは、ウケなくてもあまり気にしないこと。違う相手だったら大爆笑ということもありますから。

ユニークな返事をしたい(その2)

A2 I came here by ship. I hate airplanes. Next time, please schedule a meeting one month in advance.

飛行機は嫌いなので船で来ました。次回のアポは1カ月前にお願いします。

「はるばる船でやってきました」というこの返しは、真面目な顔で真剣に言うほど効果があります。

話題の映画をネタにしたい

I just saw BB-8 running on the street!

さっき通りでBB-8が走ってたよ!

スター・ウォーズで大人気のキャラクター「BB-8」をネタにしたジョークです。話題の映画やテレビ番組に出演している俳優や決め台詞を応用する方法はつかみネタの王道です。

アメリカ人は
「ストーリー」が大好き

アメリカでは食事の席などで**Let me tell you a story.**（私のストーリーを聞いてくれますか）と誰かが口火を切り、順番に小話風の持ちネタを披露し合うことがあります。そこでは体験談からくだらないオチで終わる作り話まで、いろいろな話が飛び出します。

そんな状況になっても慌てることのないよう、英語で話せるちょっとした小話を用意しておきましょう。どんな内容でも構いませんが、長過ぎる話はNG。2、3分の長さがベスト。誰かに催促される前に自分から積極的に話すと、それだけであなたの株はぐっと上がると思います。

Let me tell you
a story.

Case 8

手堅いジョークで 笑わせたい

　アメリカ人はジョークが大好きです。ジョークには一瞬で緊張をほぐし、相手との距離を近づけてくれる効果があるからです。英語のジョークはハードルが高そうに思えますが、アドリブではなく「暗記したセリフを相手に披露する」ようにすれば簡単。日頃からジョークネタをストックしておきましょう。

　ジョークにしやすい言い回しの1つに **The good news is…. The bad news is….**（いいニュースは××。悪いニュースは××）があります。僕がこの言い回しでウケた例を紹介しますね。

イチローをネタにして大成功

　シアトル・マリナーズでイチロー選手と一緒だった頃、豪雨で中止だろうと思われていた試合が急な天候の回復

で行われることになりました。まだそのことを知らない
チームメートに向かって僕は、**Hey, guys! I have good
news and bad news. The good news is the game
will start on time. The bad news is Ichiro's cleats
will get wet and heavy.**（みんな！　いいニュースと悪
いニュースがあるぞ。いいニュースは試合が定刻に始ま
ること。悪いニュースはイチローのスパイクが濡れて重
くなることだ）とジョークを飛ばしたのです。

　実は以前から、スパイクが少しでも濡れると乾いた布
で水を拭き取る"マメなイチロー"の姿を見ていて「こ
れはジョークのネタになる」と考えていたんですね
（笑）。結果は大成功。ロッカールームは笑いで包まれま
した。

　ほかにもこう言うのはどうでしょう。ディナーの約束
をしている相手に、**The good news is I can go to
dinner with you tonight. The bad news is I've been
on a diet since last week.**（いいニュースは今晩あな
たと食事に行けること。悪いニュースは先週からダイエ
ットを始めたこと）と言ってみる。もちろんダイエット
はウソ。ここでつっこまれずに、相手が話を真面目に捉
えて同情を示したら **I was just kidding!**（ジョークで
すよ）と返しましょう。

「有名人のジョーク」を活用する

　スピーチやテレビ番組などで有名人が使ったジョーク
を使うのもオススメです。欧米の偉人や著名人の名言に
は、ジョークを含んだものがたくさんあります。表情や
口調を真似るなど、本人になりきって有名人のジョーク
を言ってみてはどうでしょう。

　僕はカリスマ投資家ウォーレン・バフェット氏の言葉
が好きで、スピーチのときなどに引用します。例えば、
**Rule No.1:Never lose money. Rule No.2:Never
forget rule No.1.**（鉄則その１：お金を失うな。鉄則そ
の２：「鉄則その1」を忘れるな。）を、バフェットのよ
うにゆっくり仰々しく言ってみる。きっと笑いが取れる
でしょう。

　**Never ask a barber if you
need a haircut.**（散髪が必要か
どうかを理髪店に尋ねるな＝利害
関係がある人の助言を鵜呑みにす
るな）なども、ジョークに使えそ
うな彼の名言の１つです。

ジョークの定番フレーズを使いたい（その1）

The good news is the game will start on time.
The bad news is Ichiro's cleats will get wet and heavy.

いいニュースは試合が定刻に始まること。悪いニュースはイチローのスパイクが濡れて重くなること。

> **POINT**　ジョークのネタをいつも頭の中にストックしておこう

　The good news is…. The bad news is…. は、ジョークを言う時の言い回しの1つ。笑顔で**I have good news and bad news.**（いいニュースと悪いニュースがあるぞ）と話し始めれば、相手も悪いニュースがジョークになると分かり、期待感が膨らみます。そこでしっかりオチを入れる。ここでは何より笑顔がポイントです。

　上例は雨で中止になりそうだった試合が定刻通りに始まると分かったとき、この一言でチームメイトを笑わせました。「イチローのスパイクが重くなると、俺たち試合に負けちゃうかもよ」という自虐的なネタです。

ジョークの定番フレーズを使いたい（その2）

The good news is I can go to dinner with you tonight.
The bad news is I've been on a diet since last week.

いいニュースは今晩あなたと食事に行けること。悪いニュースは先週からダイエットを始めたこと。

　こう言って、「それだとたくさん食べられないですね」と相手が残念そうな顔をしたら、すかさず **I was just kidding!**（ジョークですよ）と伝えましょう。

評判のいいジョークを使いたい

Rule No.1 : Never lose money.
Rule No.2 : Never forget rule No.1.

鉄則その1：お金を失うな。鉄則その2：「鉄則その1」を忘れるな。

　これは世界的投資家ウォーレン・バフェット氏の言葉。**According to Warren Buffett,**（ウォーレン・バフェット氏によると）と前置きしてから言いましょう。

「政治家ネタ」は
ジョークの定番

His hair is really well-styled.（彼の髪の毛は本当によくできているな）。米大統領のドナルド・トランプ氏は、その過激な発言もさることながら、薄毛を隠すユニークな髪形をよくジョークのネタにされます。

　日本には日常生活で政治家を笑い飛ばす習慣がありませんが、アメリカではごく普通のこと。例えばオバマ大統領のときは、**It's pretty bad, just like Obama.**（調子はかなり悪いね。オバマ大統領みたいだよ）というジョークがありました。これは「真面目に頑張ってはいるが成果は出ないね」という意味で使われていました。

His hair is really
well-styled.

信頼できる
"デキル人"のやり取りを!

Case 9

スムーズに
アポを取りたい

　メジャー球団のオーナーや名選手と気軽に話す僕を見た人から、「英語で敬語を使い分けられるなんて羨ましい」と言われたことがあります。でも、それは大きな勘違いです。実は敬語は使っていません。そんなふうに難しく考えてしまうから、英語が上達しないんだろうなと思いました。

肩肘張らない関係がベスト

　日本だと「目上の人」には、親しい間柄になった後も敬語を使うのが常識ですが、アメリカ人は肩肘張らない自然な言葉をかけ合う関係こそがベストだと考えます。

　例えば目上の人がカジュアルに話しかけてくれたら、こちらもそれに合わせるのがマナーです。それを無視して **I would like to**…(〜させていただきます)や **Would**

65

you mind…ing?（～していただけますか？）といった堅苦しい表現を使うのはむしろ失礼になります。

アポを上手に取る際も同じです。カジュアルに接してくれる相手に**Could I schedule an appointment…?**（打ち合わせのお時間を頂いてもよろしいですか？）などと切り出すのは他人行儀です。**appointment**という単語も少し堅苦しい。

この場合、**Can we meet at 3 p.m. next Monday?**（来週月曜日の午後3時に打ち合わせしませんか？）、**Do you have time to meet me at 3 p.m. next Monday?**（来週月曜日の午後3時の打ち合わせでどうでしょう）といった表現の方が自然で、相手も受け入れやすいと思います。

敬語はお詫びのシーンで使う

敬意を表す表現の**could**や**would**は、こちらの都合で何かを詫びる時に使います。

例えば、忙しい相手に予定の変更を申し出るときは、**would**を使って、**Would you mind rescheduling our meeting?**（打ち合わせの日時を変更していただけますか？）と言います。

　会議への遅刻を詫びるときに注意すべきは、お詫びのフレーズを連呼しないこと。日本だと「申し訳ございません」「ご迷惑をおかけしました」を繰り返す人がよくいますが、アメリカでは **I'm very sorry.**（本当に申し訳ありません）を連呼する人は、「仕事ができない人」という印象を相手に与えてしまいます。

　言い訳は、**I'm afraid I've got some urgent work to do.**（急な仕事に対応しなければならなくなりました）などと一言で伝え、くどくど説明しない方がいいでしょう。

　ちなみに、遅刻しそうになったときは僕なら、**The traffic is really bad. I'll be ten minutes late.**（渋滞がひどいため、10分遅れます）とだけ伝えます。到着後も相手から聞かれない限りは言い訳はしません。「渋滞がひどくて」はアメリカ西海岸の都市部では言い訳の常套句。ロサンゼルスなら30分までの遅刻はこの一言で許されます（笑）。

「アポ取りはカジュアルに、スケジュールの変更は敬語で丁寧に、遅刻の連絡はお詫びを連呼せず簡潔に」と覚えておくといいと思います。

Can we meet to talk about ◯◯ sometime next week?

◯◯の件について、来週会ってお話しできますか?

> **POINT**　相手が身構えないように、「自然な言い方」を心がけよう

　相手とアポイントを取る際に、丁寧に **Could we…?** という表現を使う人がいますが、「かしこまった印象」が強く出すぎて、状況によっては不自然になります。上例のように、**Can we…?** を使った方が自然でしょう。

　同じく **appointment**（約束）も、堅い印象があります。堅い表現を使うと、相手が身構えてしまう可能性があります。

　そうならないように、上の例文や、**Do you have time to meet me…?** のような、適度にカジュアルな表現を使うのがオススメです。

日時を変更したい

Would you mind rescheduling our meeting?

打ち合わせの日時を変更していただけますか?

　スケジュールを再調整してもらう時は、謙虚な姿勢を示すことが大切です。この場合は **Will you…?** よりも丁寧な **Would you mind …ing?**（〜していただけますか?）を使いましょう。

遅刻することを事前に連絡したい

The traffic is really bad. I'll be ten minutes late.

渋滞がひどいため、10分遅れます。

　遅刻の理由をくどくど説明したり、**I'm sorry.** を繰り返したりするのはNG。アメリカの場合、車での移動が前提のエリアでは、10分程度の遅れなら「渋滞に巻き込まれました」で十分です。

freeより、availableを使う

One Point Lesson

freeとavailableの2つは、相手から次に会う日時について聞かれたときの答えで使います。どちらも下例のように「今週の木曜日は予定が空いています」と言いたいときに使えますが、ニュアンスが少し違います。freeは、availableよりもカジュアルな表現で「その日は暇だよ」となります。

一方のavailableは、フォーマルでもカジュアルでも使える便利な表現です。ビジネスシーンであればavailableがオススメです。

I'm free
this Thursday.

I'm available
this Thursday.

Case 16

相手の考えや
約束事を確認したい

　メジャーリーグの各チームが試合前に行うミーティングには、「互いに目標を確認し合って結束力を高める」という重要な目的があります。そこでよく耳にしたのが **Are we on the same page?** というフレーズです。直訳は「俺たちは同じページを開いているか？」ですが、転じて「俺たちは同じ思いを共有しているか？」という意味で使われます。発言者は仲間が自分と共通の認識を持っていることを確認したいわけです。

　例えば、開幕から連勝が続くチームの監督なら **We will try to win the whole thing this season! Are we on the same page?**（今シーズンは全勝する意気込みでいくぞ。みんなも同じ気持ちだな？）と言って、士気を高めます。僕は **Are we on the same page?** の言い回しが気に入っていて、今でも仕事の打ち合わせの締めとして使うことがあります。参加者から **Yes!** と笑顔で返

されると、とても気分がいいです。

「確認する」という話では、米国で暮らし始めた英語初級者の頃の僕は、「口頭での指示や約束はしつこいくらいに確認する」ことを徹底していました。日時や場所、金額などを間違えたままでいたらトラブルになりますから。その中でも特に苦労したのが「時刻」です。

アメリカ人は **quarter to ten**（9時45分）とか、**half past seven**（7時30分）など、日本人には馴染みのない表現を普通に使います。少人数で会話している状況なら **Is that 9:45?**（9時45分のことですね？）と、その場で確認するといいでしょう。

日時を「confirm」で確定する

大事な予定を相手に確認したいときは、**Let me confirm. The meeting will be on Monday, January 16th at 10:00, right?**（確認させてください。打ち合わせは1月16日の月曜日、10時からですね）のように、「確定する」という強い意味合いを持つ**confirm**を使います。さらに丁寧に、**Could I confirm the date and time of the meeting?**（打ち合わせの日時を確定させていただけますか？）と言ってもいいでしょう。

　相手の意思が分からないので確認したいという場合も
あります。回りくどい言い方をされたり、話が脇道にそ
れたりして本筋が見えなくなったときに使えるのは、
Let's cut to the chase.（要点をお願いします）。

　ただし、もし英語が十分に聞き取れていないと感じて
いる英語初級者の場合は慎重に使ってください。要点を
つかめない理由が相手のせいなのか、単に自分のリスニ
ング力が足りない（理解できていない）せいなのか、は
っきり分からないからです。

　もし相手が的確に述べていたとしたら、「要点を言
え！」とつっこむのは喧嘩を売っているようなものです。
そんなときは謙虚な姿勢を見せつつ確認しましょう。例
えば、**I might have missed what you said. What is
your point?**（私が聞き逃したのかもしれません。要点
は何ですか？）と聞いてみま
しょう。こう言われると相手
も快く要点をまとめて話して
くれると思います。

「合意したこと」を確かめたい

I'd like to make sure everyone is on the same page."

全員が同じ認識でいることを確認させてください。

POINT ネイティブがよく使う「確認」の言い回しを覚えましょう

　be動詞＋on the same pageは、直訳すると「同じページを開いている」ですが、実際には「同じ考え方を持っている」「意見が一致している」「同じ立場にいる」といった状況を意味します。

　Are we on the same page?（ここにいる全員が同じ考えですか？）と疑問形にして周囲に問いかけるフレーズは、ビジネスの会議シーンははもちろん、日常の様々な議論の場で使えます。

　あなたがプロジェクトリーダーであれば、決定事項に異議がないかをこのフレーズで確認し、メンバーの士気を高めて行動に移りましょう。

提示された日時を確認したい

Let me confirm the date and time of our next meeting.

次の打ち合わせの日時を確認させてください。

Let me confirm ~ は、間違えてはいけない約束事について確定するときによく使うフレーズです。confirmには「これは最終確認ですよ」という強いニュアンスが含まれています。

相手の話の要点を確認したい

Let's cut to the chase.

要点をお話しください。

cut to the chaseは「（無駄話を省いて）本題に入る、要点を言う」という意味です。「遠回しな言い方は必要ないですよ」と相手をたしなめる含みもあるので、気心の知れた相手に限定して使うのがいいでしょう。

「念のため」を
英語で言うと？

I'd like to double-check your proposal to be on the safe side.

**あなたの提案を、念のため、
もう一度チェックさせてください。**

to be on the safe sideは直訳すると「安全な場所にいられるように」という意味。「安全な場所」＝「失敗やミスがない状態」というニュアンスから転じて、「念のため」と同じようにビジネスシーンでよく使われる慣用句です。

上司への連絡メールなどで、**I will talk with the client again just to be on the safe side.**（念のため、クライアントともう一度話をします）と使えます。

Case 11

回答を保留したい

　メジャーリーガーは年俸や移籍に関する契約の取りまとめを、エージェント（代理人）と呼ばれる交渉のプロに任せています。そんな彼らが交渉の場で使っているフレーズはどれもシンプル。交渉の場だと少し言いにくい「回答を保留するとき」も、意図が確実に伝わる表現を使います。

「上と相談します」と保留する

　例えば、相手の質問や提案に即答できないときはどう返すか。自分には決定権がなく、一度上司に相談したいときは、**Let me talk to my boss.**（上の者と相談させてください）と言います。これは日本と同じですね。表現としては、**talk to** を **discuss it with** や **check with** に置き換えてもいいでしょう。

　ちなみに、車や大型家電製品の売り場で値段交渉をしているお父さんが店員に**Let me check with my boss.**と言っていたら、そのbossは上司ではなくて「奥さん」のことですよ（笑）。

　日本では回答を保留するときに、正直に「予算がないんで…」と言ったりしますが、これはアメリカだと印象が悪い。**We have a tight budget.**（予算が限られています）と言うと、「ケチな客だな」という印象を持たれます。

　「持ち帰って上司の判断を仰ぐまでではないが、少し考える時間がほしい」というシーンでは、**Can you give me a moment to think?**（少し考える時間を頂けますか？）と言うのがシンプルです。このほか、**I don't know off the top of my head. Can you give me a moment to think?**（すぐには分かりません。少し考える時間を頂けますか？）も常套句として使える表現なので暗記しておくと便利です。

やんわりとNoを伝える

　「アメリカ人にはNoをハッキリ伝えなさい」と教わる人が多いようですが、現実は違います。交渉上手なアメ

リカ人は日本人と同様に、相手の顔色をうかがいつつ「建前」と「本音」を使い分けます。

　例えば、相手の提案に対して「期待に応えるのは無理だろうな。でも、ここでNoと告げたら空気が悪くなりそうだな」と感じたときは、「一生懸命やるけど結果は保証できない」というニュアンスの**I will do my best.**をよく使います。ビジネスで値引きを要求された場合は、**I will try my best to give you a good deal.**（値引きができるように最善を尽くします）と言うと、前向きな姿勢が伝わります。

　直接Noとは言えないが「やんわり断りたい」ときは、**I would say yes, but I'm afraid my boss wouldn't accept it.**（私はよいと思うのですが、上の者が承認しないと思います）と、その場にいない「上司のせい」にして依頼を断るといいでしょう。こうした断り方は、日本でもよくやりますよね。

「断りにくいな」と思ったときに、スッと口から出るように日頃から練習しておくといいでしょう。

「上司に相談してから」と伝えたい

Let me talk to my boss.

上の者と相談させてください。

POINT　困った時はすぐに口から出るように練習して
おこう

　上例の **Let me talk to my boss.** は、相手の質問や提
案に対して自分に決定権がなく、その場で回答すること
ができない場合によく使われる常套句です。

　言い回しの例では、プライベートでモノを買おうとし
たときに「妻の承諾を得ないとまずい」と思ったら、**Let
me talk to my wife.** （家で奥さんに相談してから決め
るよ）と言っていったん帰りましょう。ちなみにこのフ
レーズは、お店で商品を薦められて断りにくくなったと
きの言い訳にも使えます。

　表現としては、**talk to** の代わりに **discuss it with** を
使ってもいいでしょう。「ビジネスパートナーに相談し
てみます」と言いたい場合は、**Let me discuss it with
my business partner.** で通じます。

「考える時間が欲しい」と伝えたい

Can you give me a moment to think?

少し考える時間を頂けますか?

　a momentは「短い時間」を指します。回答する前に少しだけ自分の頭で内容を整理したり、冷静に考え直したりしたいときに使える便利な表現です。

断る余地を残して先送りにしたい

I will do my best.

最善を尽くします。

　相手の要求に対し、「できないかもしれない。そのときはごめんなさい」という言いたいときに使うフレーズです。こう伝えておけば、相手も状況が厳しいことが分かります。後でノーと回答しても、「話が違う!」とは言われません。

メールの
「後ほど返信します」は?

I will get back
to you.

　メールで回答を保留したいときは、上例のように
返事をするといいと思います。**get back to you**は
直訳すると「あなたのところに戻ってきます」とな
ります。つまり、**I will get back to you.**は「必ず
後で対応しますから、少しお待ちくださいね」とい
う意味で使われます。

　ただし、若干カジュアルな表現なので、より丁寧
に応じたい場合は、**I will look into your inquiry
and respond to you later.**（お問い合わせの内容
は、確認のうえ後ほど回答いたします）などと書い
てもいいでしょう。

郵 便 は が き

134-8740

日本郵便株式会社
葛西郵便局 私書箱20号
日経BP読者サービスセンター

『気持ちが伝わる！
好かれる英会話』係 行

ご住所	〒 □□□-□□□□	□自宅 □勤務先 （いずれかに☑印を）	
	（フリガナ）		
		TEL（ 　 ） 　 ―	

お名前	姓（フリガナ）	名（フリガナ）

	Eメールアドレス	

お勤め先	（フリガナ）	
		TEL（ 　 ） 　 ―

所属部課名	（フリガナ）

より良い作品作りのために皆さまのご意見を参考にさせていただいております。
ご協力よろしくお願いします。(ご記入いただいた感想を、匿名で本書の宣伝等に
使わせていただくことがあります)

A. あなたの年齢・性別・職業を教えて下さい。
　　年齢(　　　)歳　　　性別　男・女　　　職業(

B. 本書を最初に知ったのは
1. テレビを見て(番組名
2. 新聞・雑誌の広告を見て(新聞・雑誌名
3. 新聞・雑誌の紹介記事を見て(新聞・雑誌名
4. 書店で見て　5. 人にすすめられて　6. インターネット・SNS を見て
7. その他(

C. お買い求めになった動機は(いくつでも可)
1. 内容が良さそうだったから　2. タイトルが良かったから　3. 表紙が良かったから
4. 著者が好きだから　5. 帯の内容にひかれて
6. その他(

D. 本書の内容は
1. わかりやすかった　2. ややわかりやすかった　3. やや難しかった　4. 難しかった

E. 本書に対するご意見・ご感想、ご要望などありましたらお聞かせください。

ご協力ありがとうございました。

進捗状況を
確認したい

　アメリカで暮らしていると、期限を決めて頼んだはず
の作業が遅れることがよくあります。特別な理由もなく、
約束の時間に遅れる人も少なくない。社会的立場のある
メジャーリーガーや実業家でも、平気でゴルフの時間に
遅れてきます（笑)。だから、絶対に期限や時間を守って
ほしいときには、こまめに相手に連絡して「進捗状況を
確認すること」が必要になります。

　そんなときに使えるフレーズは、**Is everything on
schedule?**（すべて順調に進んでる？）です。ここで
「期限をちゃんと守ってよ」というニュアンスを強く伝
えたい場合は、**on schedule**（予定通りに）の部分を強
調して言いましょう。**on schedule**の代わりに、**on time**
（時間通りに）を使ってもOKです。

　進み具合に不安を感じていたら、相手が**Yes.**と答え
れば済む質問では不十分です。相手は大丈夫じゃなくて

も、「大丈夫」と答えてきたりするからです。

　では、どう言うか。**Are there any updates on what you promised?**（約束したことの進捗状況を教えてください）と言って、相手に現在の状況を説明するように求めるといいでしょう。もし気遣いをしなくていい間柄なら、**Any updates on what you promised?**（約束したことの進み具合はどう？）と省略して言ってもいいと思います。これは**update**（最新の情報）を名詞として使ったフレーズです。

　そういえば昔、朝の9時に来ると言っていた配管業者が午後の3時にやってきて、作業を半分だけ終えて「また明日来るよ」と言い残して帰っていったことがありました。このときはさすがに頭にきましたが、ぐっとこらえて、**Make sure to come on time tomorrow.**（明日は必ず時間通りに来てくださいね）と言いました。あのときは前日に時間の念押しをしておけばよかったと後悔しましたね。

「期限を守れ」は、at the latest

　時間にルーズな人が相手なら、こちらが丁寧に進捗を尋ねても **We are a little behind schedule.**（予定よ

りちょっと遅れてるんですよ）などと平気で返してくる
ことがあります。

　けれどもそこで怯んではダメ。**At the latest could**
you finish the task by the agreed deadline?（遅く
とも約束した納期までには終えてもらえますよね？）と
はっきり言って、言質を取りましょう。

　このフレーズの**at the latest**（遅くとも）には、「期
限を過ぎることは絶対に許されない」という強いニュア
ンスが含まれています。

　やってはいけないのは、**If possible, could you finish**
the task by the agreed deadline?（できれば約束し
た納期までに仕上げてほしいのですが）というような弱
気な言い方。日本語では相手を気遣って「できれば」
「可能なら」と前置きした上で依頼をすることがありま
すが、**If possible**（できれば
…）は、日本語のニュアンスと
違って「無理しなくていいの
か」と受け取られる可能性があ
るので注意してください。

気軽に進捗状況を尋ねたい

Is the project on schedule?

プロジェクトは予定通りに進んでいますか?

POINT　on scheduleは、「予定通りに」

　ビジネスシーンでよくある「案じるほどではないが、念のため進捗状況を確認しておきたい」といった場合に使える便利なフレーズです。

　on schedule（予定通りに）は、時間単位の小さな業務から年単位のプロジェクトまで、進捗を確認し合うときに使えます。この **on schedule** の部分を強調して言えば、「大丈夫?　期限をちゃんと守って」というニュアンスを相手に伝えられます。

　on time（時間通りに）も同じような意味合いですが、使うシーンが少し違います。

　Will the next flight leave on time?（次の便は定刻通りに出発しますか?）など、交通機関の定刻を確認する際によく使われます。

Are there any updates on what we discussed the other day?
先日話し合った件の進み具合はいかがですか?

日本語としてもよく使われる**update**（アップデート、更新、最新の情報）は、進み具合を尋ねるときのフレーズとして使えます。

At the latest could you deliver the product by April 7th?
4月7日までに必ず商品を届けていただけますね?

期限を再確認しつつ、冒頭に**at the latest**（遅くとも）を加えることで「絶対に期限を過ぎてはいけませんよ」というニュアンスが伝えられます。

「お忙しいところ
恐れ入りますが…」

I understand
it's a busy time
for you, but....

「唐突に進捗状況を尋ねるのは気が引ける」と思ったとき、日本では「お忙しいところ…」というフレーズを使うのが定番です。英語にも上例のような似たようなニュアンスを伝える表現があります。

例えば、**I understand it's a busy time for you, but are there any updates on the project?**（お忙しいところ恐縮ですが、プロジェクトの進捗状況を教えていただけますか？）のように使います。

ただし、日本語のような定型句ではないので、使いすぎて他人行儀な印象を与えないように注意しましょう。

Case 13

話の途中で
自分の意見を言いたい

「もっと違うやり方の方がいい気がする。でも、その話をどう切り出せばいいのだろう…」

　英語で議論が交わされている会議で、「自分の意見」を言いたいときはどうしたらいいか。英語に自信がない人は、**I hope you can understand me.**（私の言うことがちゃんと伝わるといいのですが）と最初に宣言したうえで話してみてはいかがでしょう。

「日本人は無口」と思われていることが多いので、日本人が少ない会議の場合は特に「いったいどんなことを言うんだろう」と、熱心に話を聞いてくれます。

　注目されている中で発言するのは緊張するかもしれませんが、表現が多少拙くても、相手は理解しようと努めてくれるので心配はありません。

　英語が上達してきたら、会議の「性格」や「場の空気」に合わせて、第一声を使い分けるといいでしょう。

　僕がメジャーリーグのシーズン開幕前に、ロサンゼルス・エンゼルスのキャンプに臨時コーチとして参加したときの話です。キャンプで行われるミーティングは、「監督やコーチら首脳陣だけで行うもの」と「選手全員が加わる大人数のもの」がありました。

　この2つのミーティングは、「性格」や「場の空気」が全く異なります。首脳陣だけのミーティングは、普段陽気な監督やコーチが、神妙な面持ちで淡々と要点を報告し合います。こうした会議で発言する場合はマナーを考えて、**Can I say something?**（ちょっといいでしょうか？）と断ってから意見を述べるスタイルがしっくりきます。

　一方、選手全員が参加するミーティングは、「チーム全体の士気を高めるためのムード作り」を重視しています。ですから、ジョーク交じりの発言も飛び交い、笑いが絶えません。

　そんな場では、**Well!**（さあ！　次は僕が話しますよ！）と大きな声で言って笑顔で話し始めるといい。丁寧すぎる言い方は、明るいムードに水を差すことになりかねないからです。

　世の中には様々な会議や打ち合わせがあると思いますが、大まかに「敬意やマナーを重視する会議」か「カジ

ュアルで明るいムード作りを重視する会議」かに分けて
考えて、言い方を変えるといいと思います。

Excuse me.は冷たい印象に

発言したい時に「許可」をもらおうとして、**Excuse me.**（すみません）と言う人がいますが、私はめったに使いません。「他人行儀で冷たい印象」を相手に与えてしまうからです。

もし私が会議に参加していて、自分が何かを言った後に **Excuse me.** と言われたら、「何かマズいこと言ったかな？」とドキッとします。

英語学習書の中には、**Excuse me.**を「万能フレーズ」のように紹介しているものもありますが、使うには少し注意が必要です。

セミナーや発表会などで登壇者に質問したいときに使うのはOKですが、一般的な会議では使わない方が無難だと思います。

会議中に自分の意見を言いたい

Can I say something?

ちょっといいでしょうか?

POINT 「場の空気」に合わせて「謙虚さ」を伝える表現
を使う

　　Can I say something?（ちょっといいでしょう
か?）は、発言の許可を求める謙虚さと、自分の考えを
伝えたいという積極性の両方が伝わるフレーズです。報
告会や取引先との会議など、適度なマナーが求められる
会議で使えます。

　　日本語の会議では「すみません」と話をさえぎってか
ら自分の意見ををいいがちですが、英語の会議では
Excuse me.（すみません）と言うと、相手に他人行儀
で冷たい印象を与えてしまいます。場合によっては、相
手が身構えてしまうこともあります。

　　ですから僕は一般的な会議や打ち合わせの場では使わ
ないようにしています。

Well!

さあ!（次は僕が話しますよ）…

アメリカ人が話し始めるときによく使う**Well!**を、ハッキリと大きな声で言えば「注目！これから意見を言います」といった意思表示になります。アイデア会議や食事を兼ねた打ち合わせの席など、カジュアルな会議に馴染む一言です。

英語に自信はないが、発言したい

I hope you can understand me.

私の言うことがちゃんと伝わるといいのですが。

会議では「発言すること」が評価されるので、英語に自信がなくても遠慮してはいけません。上の例のように「前置き」をすれば、初対面の参加者にも自分が英語初級者であることが伝わり、話をしっかり聞いてくれるようになります。

歓談の輪に
加わりたい

I know that!

　渡米して間もない頃、ロッカールームでわいわい楽しそうに話しているチームメートを見て、「あの輪に入りたいな」と思っていました。

　ある日、聞こえてきたのは僕が好きなロックミュージックの話。思わず **I know that!**（それ、知ってるよ！）と叫んで雑談に割り込むと、選手たちは大いに喜んでくれました。会話に混ざりたいときはタイミングをうかがってこのフレーズで飛び込んでみてはどうでしょうか。

　みんなと仲良くなりたいと思っているのなら、自分が知らない話題で盛り上がっている場合でも、**Listen!**（今度は僕の話を聞いてよ！）と言って、強引に加わるくらいでもいいと思います。

Case 14

人を紹介して
もらいたい

「紹介」を通して人脈を広げることは、アメリカで成功するための絶対条件だと思っています。プロスポーツの世界もビジネスの世界も、さらには日常生活でも、紹介によって物事がうまく進んだり、得をしたりすることが多いからです。

では、「上手に人を紹介してもらう」ためにはどんな話し方をすればいいか。そんなときの便利なフレーズを紹介します。

「introduce」はやや硬い印象

英語で人を紹介してもらおうとすると多くの人はintroduce（紹介する）を使ったPlease introduce me to 〜（〜さんに私を紹介してください）などのフレーズが思い浮かぶと思います。ですが、これはやや堅い印象

95

を相手に与えるので実際はあまり使われません。

　自然なのは**I would like to talk to ～**（～さんと話が
したい）という表現です。とてもシンプルな言い方です
が、カジュアルな場でもフォーマルな場でも使えます。

　人を紹介してもらうときに遠慮は不要です。「自分よ
りずっと上の立場の人を紹介してもらうのは失礼じゃな
いか…」と心配になる人もいると思いますが、アメリカ
には社員と会社のトップが気軽に挨拶を交わすような習
慣が根づいているので問題ありません。

　Can I talk to your president?（あなたの会社の社長
とお話しさせてもらえますか？）と頼んでも不自然では
ありません。むしろ、その積極性が評価されるかもしれ
ません。

気になる人を紹介してもらう

　紹介してほしい人物を特定しないで「誰かいい人を知
っていますか？」と尋ねる場合は、**I'm looking for
someone who would be interested in this project.
Do you know anybody who would be?**（このプロジ
ェクトに興味のありそうな人を探しています。誰かご存
じですか？）などと言いましょう。**Do you know ～ ?**

（～な人をご存じですか？）の中には「ぜひ紹介してください」というニュアンスが含まれます。

　アメリカでは、病気になったときに相談の窓口となる医者を「ファミリードクター」として持つのが一般的です。このため、日常的に**Is your family doctor good?**（あなたのファミリードクターはいいお医者さんですか？）といった言葉を耳にします。こう言うと相手は「今の医者に満足していないので、いい医者なら私にも紹介してください」といった意味で受け取ってくれるので、いろいろ教えてくれます。

　ほかにはパーティーの場などで、気になる人がいた場合は、**Do you know who that is?**（あの人は誰ですか？）と尋ねてみましょう。その人を知っている相手であれば、紹介してくれるかもしれませんし、相手がどんな人か分かれば話しかけやすくなります。

　このフレーズはビジネスの話をしたいときからデートに誘いたいときまで使えますよ（笑）。

相手の友人・知人を紹介してもらいたい

Do you know the president of ×× Corporation?
I'd like to talk to him.

××コーポレーションの社長を 知っていますか? お話がしたいのですが。

POINT　アメリカでは積極的に人を紹介してもらいましょう

　パーティーや交流会などで「紹介してもらいたい人」とつながりがあるかどうかを尋ねる時のフレーズです。教科書で習う <u>Please introduce me to ～ .</u>（～さんに私を紹介してください）は間違いではありませんが少し堅い印象を与えます。

　上例のように <u>I'd like to talk to ～</u> を使ったり、<u>Can I talk to ～ ?</u>（～とお話させてもらえますか?）というフレーズを使ったりした方が自然な表現になるので覚えておくといいでしょう。

適任者を紹介してもらいたい

I'm looking for a marketing job. Do you know anybody?

マーケティングの仕事を探しています。業界で（力を貸してくれそうな）誰かを紹介してもらえませんか？

「〜が得意な人を推薦してほしい」と伝えるときに便利。

Do you know anybody who works at the company?

（あの会社に勤めている人を誰か知っていますか？＝紹介してください）などと応用できます。

目についた（あの）人を紹介してもらいたい

Do you know who that is?

あの人は誰ですか？

　パーティーで見かけた人と話したいと思ったときに周囲に尋ねる定番のフレーズです。「あの人は誰？」という言葉の中に（ぜひ紹介してほしい）というニュアンスが含まれています。

「紹介してくれませんか？」
と頼まれたら

"I know the right person for you."

"Let me think about it."

　例えば、**I'm looking for a good dentist. Do you know anyone?**（いい歯医者さんを探しています。誰か知っていますか？）と尋ねられたとき、思い当たれば「適した人、ふさわしい人」という意味の**the right person**を使って、**I know the right person for you.**（いい人を知っていますよ）と答えます。少し考えたいときは、**Let me think about it.**（少し考える時間を下さい）。

　思いつかない場合は、**I'm sorry, but I don't think I can be of help.**（申し訳ないのですが、お役に立てそうにないです）などと丁寧に返事をしましょう。

Case 15

誘いを上手に断りたい、話を切り上げたい

「回答を保留したい」というテーマのところでも話しましたが、アメリカ人だからといってYesとNoをはっきり言うわけではありません。そこは日本人と変わりません。食事や趣味の集いに誘われたときに断りたい場合は、相手の立場やその場の空気を慮って、できればNoを使わずに済む言い方で返事をしましょう。

　断り方が下手で、人間関係を悪くする人も少なくありません。アメリカ人にも、言葉を気にする人や打たれ弱い人は大勢いますから。

「No」を使わないで断る

　僕は現役の頃、球団からの移籍の誘いを断るときに相当気を使いました。返答は、**I'll think about it.**（考えておきます）や、**Give me more time.**（少し時間を下

さい）、**I don't have time right now, so let me call you later.**（今は時間がないので改めて電話します）といった程度にとどめ、はっきりノーと言うことはありませんでした。それはなぜかと言うと、断るにせよ、私に声をかけてくれた相手なので印象を悪くしたくなかったからです。交渉に慣れた相手であれば、そんな私の口ぶりから「脈はなさそうだな」と察してくれます。実際にはっきりノーを告げる"悪役"は、エージェント（弁護士などの交渉代理人）に任せました。

　友人や取引先から食事会などへ誘われた場合も同じです。下手な断り方をして相手を傷つけたら、二度と誘ってくれないかもしれません。誘いを断る際に相手によく聞かれるのは「どうして？」だと思います。そなときに「断る口実」で最もいいのは、「家族の事情」ではないでしょうか。アメリカ人は家族愛を重んじるので、**My kids are waiting for me at home.**（子供たちが家で待っているのでごめんなさい）と言えば、「それなら仕方がないね」と納得してくれます。僕はよく**I have a dinner reservation with my wife.**（妻とディナーの約束があるのでごめんなさい）と断るのですが、相手は「奥さんの尻に敷かれてるんだね（笑）」などとジョークで返してくる。そんなやり取りに持ち込んで、やんわりと断る

のもコツです。

「次の予定がある」と伝える

　夜の飲み会が長引いて、帰りたくても帰れないときもあると思います。そんなときは、**I gotta get up early tomorrow.**（明日は早く起きないといけないので、失礼します）と言うといいでしょう。アメリカには朝型の人が多く、日本のように午前様の習慣はありません。朝食を取りながらの会議「ブレックファスト・ミーティング」も一般的です。

　もちろんアメリカにもＫＹな人（空気を読めない人）がいて、話を切り上げたい意向をやんわりと伝えても気づかなかったり、とどまることを無理強いしたりする人もいます。そういう場合は事前に、**I have another appointment, so I will have to leave at three.**（次の約束が あるので3時には失礼する予定です）などと伝えておきましょう。

誘いをやんわり断りたい

I'll think about it.

考えておきます。

> **POINT**　うまくはぐらかすテクニックはアメリカ人にも有効です

　I'll think about it.（考えておきます）と言えば、ある程度「No」の気持ちは伝わります。アメリカ人はYesとNoをはっきり言うと思われがちですが、「少し考えさせて」とワンクッション置き、相手の気分を害さないよう断るのは日本人と同じです。

　似たようなケースで**Give me some time.**（ちょっと時間を下さい）というフレーズも、Noの代わりによく使う表現です。ただしこの場合、そのままの意味で受け取られる危険もります。

　そうならないためにも、少し困った顔をしながら言うといいですね。そうすれば誤解されることは少ないでしょう。

家族を理由に話を切り上げたい

My kids are waiting for me at home.

子供たちが家で待っているので（ごめんなさい）。

　日本では「家族の事情」を理由に誘いを断ることに抵抗を感じる人もいますが、「家族の時間」を大切にするアメリカでは、家族を理由に断ることは自然です。独身者であれば「恋人との約束」も同様に使えます。

予定を理由に話を切り上げたい

I gotta get up early tomorrow.

明日は早く起きないといけないので（失礼します）。

　「歓談を打ち切りたい」「乗り気ではない話なので離席したい」といったシーンで有効なフレーズです。**gotta**はややカジュアルなので、目上の相手なら、代わりに**have to**や**need to**を使うと、丁寧な表現になります。

No, thank you.
は印象が悪い

　薦められたものを断る場合のフレーズでは、**No, thank you.**（間に合っています／遠慮します）と習った人は多いはず。けれども、シチュエーションによっては「要らないよ」とぶっきらぼうな返答に受け取られます。

　飲み物を薦められたときには、**I'm good, thank you.**（私は大丈夫です。ありがとう）と断ると、相手を配慮した気持ちが自然に伝わります。

No, thank you.

I'm good, thank you.

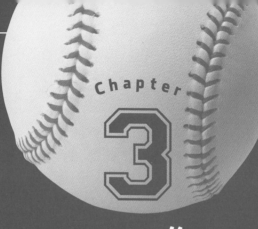

Chapter 3

”言いにくいこと”
でもしっかり言おう！

Case 16

相手に注意をしたい

　メジャーリーガーは2年目になると、ルーキー（新人選手）を指導する役割を担います。ピッチャーの場合なら、「試合までにどんな手順で練習メニューをこなせばいいのか」「ブルペン（球場内の投球練習場）には何を持っていくのか」などを教えるのです。

　教えた通りにできない選手には注意を促し、ときに叱ります。今思い返せば、日本人のメジャーリーガーの中でも特に外国人の後輩選手に対して口うるさかったのは僕かもしれません（笑）。

　英語が苦手か否かにかかわらず、「プロとしての責任」を果たしたいという思いが強くあったからです。

　指導でよく使っていたフレーズは、**You should start practice on time.**（時間通りに練習を始めなさい）や**You should bring everything on the list.**（リストにあるものをすべて持ってきなさい）といった<u>should</u>を

用いたもの。相手の気持ちを気遣いながら「必ずそうしなさい」という「命令」の意味を込められて便利です。

命令形で注意してはいけない

こうしたケースで使わない方がいいのは、**Bring everything!**（すべて持ってこい！）のような動詞で始まる「命令形」です。

日本では英語の授業で普通に習いますが、アメリカではめったに耳にしません。いきなり命令形で言われた相手は、喧嘩を売られたか、バカにされたような気分になるので注意しましょう。

ミーティング中におしゃべりをやめるように呼びかけるときも同じです。命令形の**Shut up!**（黙れ！）は威圧的な態度と捉えられてしまいかねません。中には「あいつは何でキレてるんだ？」と反感を持つ人も…。それでは静かになっても逆効果になります。

こういうときはシンプルに、**Be quiet.**（静かに）と言う方がいいでしょう。

これは笑顔で言えば、「静かにしてね。よろしく」となり、険しい表情をして大きい声で言えば「静かに！　集中しなさい！」というニュアンスになります。

アメリカ人の方が「打たれ弱い」

「アメリカ人はストレートにズバッと指摘する」という イメージを持っている人が多いようですが、私は真逆だ と感じています。日本人よりアメリカ人の方が言葉に敏 感で、打たれ弱い印象があります。

　日本だと他人から「静かに！」「そこ、移動して！」 などと注意を受けることも珍しくありませんが、アメリ カ人が英語で同じように言われたら、傷ついて相手を逆 恨みするかもしれません。注意するときは相手を傷つけ ない配慮が必要です。

　前に銀行窓口の担当者の態度があまりにもひどかった ので、**Bad day, huh?**（今日は何か嫌なことでもあった のかい？）と言いました。遠回しな表現に思えるかもし れませんが、態度を改めてくれました。

　もしこのとき、「その態度 は何だ！　直しなさい！」と 言っていたら、彼は逆ギレし て大喧嘩になっていたかもし れません。

指示に従うよう強く求めたい

You should bring everything on the list.

リストにあるものをすべて持ってきなさい。

POINT　しっかり注意したい場合でも、「反感を買わない」言い方をしましょう

　命令形の <u>**Bring everything ～**</u> .（～をすべて持ってきなさい）や、**You must bring everything ～** .（～をすべて持ってこなければならない）は、高圧的な印象を与えて反感を買う危険があります。

　一方で相手に気を遣い、<u>**Can you bring everything …?**</u>（～をすべて持ってきてもらえますか？）と言うと、今度は優しすぎてこちらの伝えたいニュアンスがしっかり伝わりません。

　こんなときは上例のように、<u>**should**</u>を使うといいでしょう。相手を気遣いつつ「必ずそうしなさい」という意味を込められます。

失礼な言動に気づいてもらいたい

Bad day, huh?

今日は何か嫌なことでもあったの？

　失礼な態度を取る人や不快な発言をする人がいたら、「今日の君は変だね。何かあったの？（君らしくない言動だね）」と言ってみてはどうでしょう。直接注意しているわけではない遠回しな表現ですが、「そういえばイライラしすぎていたな」と、言われた人の胸にチクッと刺さる一言です。

静かにしてもらいたい

Be quiet.

静かにして

　「ざわついている状態」を静かにさせたいときは、**Be quiet.**と言うのがオススメです。きつい言葉の **Shut up!** (黙れ!) は、怒鳴りつけているようになるので使わない方が無難です。

マナー違反を
とがめたいときの一言

Excuse me.
We are in line.

　行列に並んでいるとき、誰かが割り込んできた。
そんなときは **Don't cut in!**（割り込むな！）や **Line
up!**（並びなさい）といった命令形のフレーズは、
かなり威圧的に受け取られます。相手によっては喧
嘩に発展しかねません。

　この場合、「あなたは間違っています」という言
い方ではなく、「私たちはこうしていますよ」とい
うように主語を"you"から"we"に置き換えて表現す
るといいでしょう。**Excuse me. We are in line.**
（すみません。並んでいるんです）と言えば、相手
のプライドを傷つけずに注意を促すことができると
思います。

Case 17

相手から同意を
得たい

「アメリカ人に何かを伝えるときは、強くハッキリ言わないとダメ」と考えている人は少なくありませんが、本書で何度か書いてきた通り、実際には、アメリカでの生活、特にビジネスシーンでは、日本と同様に「相手を気遣ったソフトな表現や遠回しな言い方」が好まれます。

アメリカ人は、「強く言われたら、強く言い返す」傾向があるので、「結論ありき」の断定的な表現は逆効果になります。例えば権力のある社長や役員が部下に向かって**You are fired!**（お前はクビだ！）と怒鳴りつけるシーンは、映画やドラマの中だけの話です（笑）。

相手に気を遣わせないで同意を得る

交渉や商談の場で相手に同意を求めるようなケースでは、相手に気を遣わせないことが大切です。そのために

115

はまず、「上下関係」を取り払うといいでしょう。自分が相手より上の立場なら、目線を落としてフレンドリーに話しかける。丁寧な言葉を使って同意や賛同を求めます。一方、自分が下の立場のときは、へりくだりすぎて"壁"を作らないように注意しましょう。**alliance**（同盟関係）の空気を作るのがコツです。

　言葉の選び方も重要です。日本だと中学校で、**you should ～**（あなたは○○すべきだ）や、**you must ～**（あなたは○○しなければならない）という構文を習いますが、そんなとげとげしいフレーズはめったに耳にしません。言われた相手は怒るか、へそを曲げるのがオチです。この場合、主語をア**you**から**we**に変えると「君は○○すべきだ」という命令調のニュアンスが消え、「私たちで一緒に○○しませんか」という気持ちが伝えられます。

肯定の言い方で「共感」を得る

　I believeや**I hope**を使えば、さらに丁寧な言い方になり、相手の同意が得やすくなります。

　前に、ある人からゴルフコンペに誘われたときのことです。**You must join us!**（君は参加しないとダメだよ）

と言われてカチンときました。日程が合わず断ったのですが、僕の断り方もつい、きつくなってしまいました。

あのとき、**I hope we can play in the competition together!**（君と一緒に参加できたらうれしいな）と言われていたら、予定を変えてでも参加していたかもしれません。

このほか、**no**や**not**を使って同意を得るのは避けた方がいいと思います。

例えば、**The customer will not be interested in any other options but this one.**（これ以外のオプションに、顧客は関心を示さないでしょうね）と言われたら、少し突き放された感じを受けます。

一方、同じ意味でも肯定文を使って**I believe the customer will be most interested in this option.**（顧客はこのオプションに最も関心を示してくれるでしょう）と言うと、スッと受け入れられます。こうした表現の違いを少し意識して話すだけでも、相手の共感を得やすくなります。結果として、同意を得られやすくなるでしょう。

「同じ立場」であることを強調したい

You should act on it now.

あなたは今すぐ行動に移すべきですよ。

I believe we should act on it now.

私たちは今すぐ行動に移すべきだと思います。

> **POINT**　上から目線で強要せず、「同じ思いを持つ仲間」だと伝えましょう

　○と×のフレーズは同じ意味にも見えますが、言われた相手にとっては天と地ほどの違いがあります。

　you shouldや**you must**といった**you**を主語にすると、「何を偉そうに！」と反発したくなる。一方、仲間であることを感じさせる**we**を使われると、素直に受け取れます。**I believe**や**I hope**を使うと「私はこう望みますが、どうでしょう？」と謙虚さを出せるので、さらに効果的です。

不信感を持たせずに同意を求めたい

I believe there isn't any other way.

他にいい方法などないと思いますよ。

I believe this is the best way.

これがベストな方法だと思います。

　相手が自分に同意を求めてきたときに、「他にいい方法などないと思いますよ」と言われたら、「本当？ちょっと言い過ぎじゃない？」と不信感を持ってしまいませんか。言われた側は、もう選択肢がない、考慮の余地がないと感じてしまって、強制的に同意させようとしているように思ってしまします。

　ですから×の例のように、相手を嫌な気分にさせてしまう**isn't**や**don't**、**can't**などの「否定的な表現」は、肯定的な表現に言い換えましょう。

共感を得やすい
ジェスチャーを交える

（腰の上あたりで、相手に手のひらを向けながら）

I appreciate
your support.

　腰の上あたりで両方の手のひらを見せながら話すと聞き手に親近感や信頼感を与えると言われています。ですから、**I appreciate your support.**（サポートしてくれるとうれしいです）と言うときは、同じように手のひらを相手を見せながら話しましょう。海外の著名人によるプレゼンテーションでよく見られるシーンですね。

　一方、立って話すときによくやっている人がいますが、体の後ろで手を組んだり、握りこぶしを作ったりするのはNG。警戒心や嫌悪感を示すことになります。

Case 18

相手の意見に
反論したい

「私はそうは思わない」とはっきり言わない

　アメリカを訪れた日本人の英語を聞いていると、「反対意見の伝え方が下手だな」と感じるときがあります。「はっきりノーと言わないとなめられるぞ」と教わってきたのでしょうか。I don't think so.（私はそうは思わない）とためらいもなく口にして、相手を嫌な気分にさせている人も少なくありません。

　そういえば、初対面のアメリカ人が提案してくれたことに、I don't agree with you.（私は賛成できない）と真顔で言い放って相手を怒らせた日本人もいました。

　意外に思えるかもしれませんが、I don't think so.を日常的に使う人はいませんし、いたとしてもきっと"口が悪い"と煙たがられている人でしょうね（笑）。真似し

てはいけません。

　では、どう反論の口火を切ればいいのか。

　例えば、**I know what you're saying, but I think ～.**（おっしゃることは分かります。でも私は～だと考えます）というように**not**を使わない言い方がスマートだと思います。相手の意見を尊重しつつ、反論の意図をしっかり伝えられます。

「反論しやすい空気」を作る

　異論や反論を「受ける側」の人は、多かれ少なかれ無意識に身構える傾向があります。見えないバリアですね。相手にがっちり身構えられてしまうと、意見を素直に聞き入れてくれなくなります。

　ちなみに現役時代の僕は、そんなバリアを取り除くのが得意でした。

　ある試合の前、ロッカールームでチームメートの投手と僕は、バッターに対する攻め方を巡って意見を交わしていました。しかし、お互いの攻め方を受け入れられず、次第に険悪なムードになりました。

　「こいつは譲る気がないな。このままでは喧嘩になる」と察した僕は、唐突にボクシングのファイティングポー

ズを取って**Let's take this outside!**（勝負だ！　表に出ろ！）と叫びました。もちろん喧嘩腰にではないですよ、誰が見てもジョークだと分かるように「笑顔」で言ったのです。

するとロッカールーム全体が笑いに包まれ、ついには彼も「分かったよ。君の意見に賛成するよ」と言ってくれました。

カジュアルな議論の場であれば、反対意見を発する前に法廷ドラマの定番ゼリフを真似て、**I object!**（異議あり！）と叫んでも面白いでしょう。これもジョークと受け取ってくれます。

アフターファイブの席や、気心の知れた仲間の集まりであれば、相手の発言に対して、**You are joking, right?**（冗談だよね？）、**It's so funny!**（面白いことを言うね！）と、冗談交じりにコメントしてから反論してもいい。いずれの場合でも、笑顔を添えて言うことを忘れないように。じゃないと大変なことになりますよ（笑）。

自分の提案をソフトに伝えたい

I know what you're saying, but I think it's No.2.

言っていることは分かります。
ただ、私は2番目（の案）がいいと思います。

POINT　頭ごなしに否定しない気遣いが大切

　相手の意見に反論する場合は上例のように、**I know 〜**で一度相手の主張を受け止めてから、**I think 〜**を使って異論を伝えるといいでしょう。否定的な意見ではなく、「それもいいけど、こうした方がもっといい」という建設的な意見に聞こえます。

「海外ではNOをはっきり言っても問題ない」と思い込んでいる人も少なくないようですが、頭ごなしに否定されると嫌な気分になるのは、日本人もアメリカ人も同じ。場の空気を壊さないように配慮しつつ反論すれば、相手は自然に耳を傾けてくれます。

ユーモアを交えて意見を主張したい

I object!

異議あり!

　法廷ドラマの定番ゼリフ**I object!**は、ビジネスの場
では冗談と受け止められるので、場の空気を和ませつつ
意見を言えます。カジュアルな会議の席などでは、進行
役を裁判官に見立て、**I object, your Honor!**（裁判官！
異議あり！）と言っても面白いかもしれません。

揉めたらジョークでその場を収めたい

Let's take this outside!

（ボクシングで）勝負だ! 表へ出ろ。

「正反対の意見」を述べた後、場の空気が重いと感じた
ら、「表へ出ろ！」というジョークを言ってみてはどう
でしょう。はっきりジョークと分かるように、笑顔で大
げさにちょっとぶかっこうなファイティングポーズを取
るのがコツです。

言い過ぎたな と感じたら…

"I was just kidding."

"Are you mad at me?"

　軽い気持ちで反論したら予想外に相手の機嫌を損ねてしまった。ちょっと言いすぎてしまった…。

　そんなときはどうするか。ケースバイケースではありますが、一つの方法としては、笑顔で **I was just kidding.**（冗談ですよ）と言うやり方があります。うまくいけば、その場の空気を少しやわらげることができます。これは「冗談で済むか！」となる危険性もあるので、相手の顔色をうかがって話しましょう。

　「困った表情」を作って **Are you mad at me?**（怒った？）と尋ねる方法もあります。「申し訳ありません」という気持ちを込めつつ、さらっと口にするのがコツです。

相手の
誤解を解きたい

　メジャーリーグに渡って1年目、「誤解」が原因で辛い思いをしました。ある試合で不利な判定を下した審判にうちのチームの監督は激怒し、ベンチを飛び出して抗議しました。そのとき、僕を除く選手全員がベンチを出て審判に詰め寄ったのです。

"非協力的"と誤解された

　僕は当時からメンタルトレーニングに力を入れていたので、審判の判定が理不尽であっても冷静でいられるよう努めていました。しかし、その態度が監督やチームメートに"非協力的"だという印象を与えてしまったのです。
　当時はまだ英語が得意でなかったこともあり、すぐに弁明ができない自分が悔しくて眠れませんでした。次の日、このままではダメだと一念発起して監督に会いに行

き、ベンチに残った理由と自分はチームに溶け込もうと努力していることを懸命に説明しました。

　確か第一声は**Don't misunderstand me!**（誤解しないでください！）だったと思います。今思えばつたない英語でしたが、幸い誤解を解くことができました。

　結果論ですが、一晩置いてお互いに冷静になれたことがよかったのではないかと思っています。頭に血が上っていた状態では、いくら弁明してもこじれてしまうからです。

　この経験から、誤解を解くには互いに冷静になること、誤解をされた側が真摯に言葉を尽くすことが大事だということを学びました。

「思い込みが激しい人」にはどうする？

　今は英会話力が上がったので、誤解が生じたその場で対応できます。誤解が生じた場合は、**That's not what I meant.**（そういう意味ではありません）と言った後、**What I mean is that...**（私が言いたいことは…です）と言ったり、あるいは**My point is...**（私の話の要点は…です）と本来言いたかったことを丁寧に説明したりするでしょう。

けれども、思い込みが激しい人やせっかちな人もいますよね。そんな人に誤解されたときは、ゆっくり、そしてやや強めに、**Let me explain a little bit more.**（もう少し説明させてください）と言って、相手が聞く耳を持つまでの間を作り、そのうえで **The bottom line is...**（私の結論は…です）と誤解が生じている部分を伝えると、しっかり聞いてくれると思います。

相手の気分を害してしまったと思った場合は、すぐに**Don't get me wrong.**（誤解しないでくださいね）と言って本意を伝え直しましょう。

とはいえ、勝手に勘違いして激高する相手の場合、「こんなヤツ、もう知らないよ！（説明するだけムダ）」と腹が立つこともあります。それでも僕はその日の晩にメールで真意を伝え直すなど、自分から誤解を解く努力をしています。こうしたコミュニケーションは日本でもアメリカでも同じで、良い人間関係を築く1つのコツだと思っています。

「そういう意味ではない」と言いたい

That's not what I meant.

私が言いたかったことは、そういう意味ではありません。

> **POINT**　相手が怒っても焦らず、急がず真意を伝えましょう

　what I meanは「私が言おうとしていること」という意味です。母国語が異なる者同士の会話や打ち合わせでは、ちょっとした言い間違いや聞き間違い、意味の取り違いはよくあることです。そんなときは放置せず、誤解を解くようにしましょう。

　誤解されたと感じたら、まずは冷静に**That's not what I meant.**（私が言いたかったことは、そういう意味ではありません）と誤解である旨を伝えます。そのうえで、**What I mean is that …**（私が言いたいことは…です）と、伝えたかった内容を丁寧に言うようにします。そうすれば誤解はその場で解けます。

Let me explain a little bit more.

もう少し説明させてください。

　説明が足りなくて誤解を受けたと感じたときに使うフレーズです。説明の途中で早とちりをして反論してくるような相手には、ゆっくり強く言うと「落ち着いて聞いてくださいね」というニュアンスを伝えられます。

Don't get me wrong.

誤解しないでくださいね。

　get (someone) wrongで「（誰かを）誤解する」という意味になります。自分の発言で相手の表情を曇らせてしまったらすぐにこう言い、真意を丁寧に説明するようにしましょう。

怒って興奮してる相手を 落ち着かせるには?

　たとえ誤解や勘違いが原因でも、頭に血が上っている相手に上から目線で「落ち着きなさい」と言うのは逆効果。火に油を注ぐようなものです。こんなときは **Shoot! I'm so stupid to make you upset.**（あなたを怒らせてしまうなんて私はなんてバカなんだ）と、あえて誤解を与えた自分を悪者にするといいでしょう。こう言うと、許してくれる可能性が高まります。

Calm down!

落ち着いてください!

Shoot! I'm so stupid to make you upset.

あなたを怒らせてしまうなんて 私はなんてバカなんだ。

Case 20

相手に謝りたい

「誰かに迷惑をかけたときは、何よりまずは謝る。『本当に申し訳ございませんでした』と謝ってから迷惑をかけた経緯を説明をする。言い訳はするな。ただひたすら謝ることが大事だ」と教わった人も少なくないと思います。ただこれは、あくまで日本人同士での話。アメリカでは日本流の謝り方は通用しません。

I'm sorry.の連呼はNG

　例えば、**I'm sorry.**（ごめんなさい）を連呼してはダメ。アメリカでは「こいつ、何かごまかそうとしているな」と勘違いされて、不信感を抱かれたり、さらなる怒りを買ったりする危険が生じます。

　では、どうするか。アメリカ人に対して上手に謝罪するコツは、**Let me explain to you.**（説明させてくださ

い）から始めて、迷惑をかけた理由を丁寧に説明すること。その際、**I made a mistake. But it wasn't on purpose.**（自分に非はあります。でも、わざとではなかったんです）と「故意ではなかった」ことを添えると効果的です。

アメリカでは、「理由を言う」という意味で、言い訳はした方がいい。謝罪の言葉を言うのではなく、説明をしながら謝罪の気持ちを伝えるのがアメリカ流と言えるでしょう。

野球の場合、日本の投手は打者にデッドボール（英語では**hit by pitch**）を与えたときは帽子を取って謝るのが常識ですが、メジャーリーグの投手はそんなことはしません。絶対に謝らない。

それは「プライドが高いから」でも「ケガの責任を取らされるから」でもなく、「故意ではない、偶発的な事故だった」と考えるからです。

人間関係を保つために謝る

一方、ビジネスの場で「揉め事を丸く収めようとする意識」は、日本人よりアメリカ人の方が強いと感じています。理由は「人の異動が激しい」ことが挙げられます。

　例えば、メジャーリーグの選手や監督・コーチは「今
は敵だが来年は味方かも」「今はこのチームを離れるが、
また戻ってくるかも」などと常に考えています。だから、
揉め事は極力起こしたくないし、険悪な関係は引きずり
たくないと考えます。

　現役の頃、監督から試合後に他の選手の前でこっぴど
く説教されたことがありました。でも僕は、それを理不
尽だと感じたので謝らずにじっと耐えました。

　翌日、冷静になった僕は関係を修復しようとして監督
の元に行き、誤解を解きました。あのときは、ストレー
トに謝らず、まずは誤解していることを伝え、その後で
しっかり自分の考えを説明しました。

　監督は僕の話をじっくり聞くと、**It doesn't matter
anymore.**（もう気にしてないよ）と言ってくれました。
何も「申し訳ございません」と謝らなくても、誠実に説
明すれば関係を修復した
いという気持ちは伝わる
のです。

理由を説明したい

Let me rephrase that.

言い直しますね。

POINT 「理由」を説明することで相手に誠意を示そう

　自分の失敗が原因で相手と気まずい雰囲気になったときは、**Let me rephrase that.**（言い直しますね）と言って「そうなってしまった理由」を丁寧に説明するといいでしょう。

　日本だと状況説明をすると「言い訳がましい」ように感じるかもしれませんが、アメリカではそのときの状況や自分の考えを分かってもらうことが、相手への気遣いとなります。

　「とにかく謝ろう」と考えて、**I'm sorry.**（ごめんなさい）を繰り返すと、うわべだけの謝罪と捉えられてしまうことがあるので注意が必要です。

　中には「わざとやったから、そんなに謝ってるのか！」と勘違いされることもあるので**I'm sorry.**を連呼するのはやめましょう。

「故意ではない」と伝えたい

It wasn't on purpose.

わざとではなかったんです。

「嫌な思い」をさせられたとき、多くのアメリカ人は「故意か、偶然か」ということを考えます。日本人はとにかく、すぐに謝ってその場を収めようとしますが、それが逆効果になることがあります。

　安易に謝ると「意図的にやったのか。それを今になって謝ってきているのだな」と誤解されかねません。つまり、謝りすぎる習慣はよくないのです。

　自分の行為が「故意ではなかった」という場合は、誠意を持ってそれを相手に伝えれば、無用なトラブルや揉め事を回避できる可能性が高まります。

　はっきり「故意でない」ことを相手に伝えたいときは、**It wasn't on purpose.**（わざとではなかったんです）と言いましょう。それでも相手の怒りは収まらないかもしれませんが、まずはそこから話し始めることが順番として重要です。

部下や後輩に
信頼される謝り方

It was my fault.

「上司が部下に迷惑をかけた」というシーンでは、日本の上司の場合、自分が悪いと分かっていてもプライドが邪魔をするのか、部下に素直に謝らないことが多いのではないでしょうか（適当な説明でごまかして謝罪したように見せる）。

　一方、アメリカの多くの組織では、「自分の非を素直に認めて謝ることができるリーダーが部下の信頼を勝ち取る」と考えられています。

　もし外国人の部下や後輩に迷惑をかけたときは、**It was my fault.**（私のせいです）と、素直に非を認めるといいでしょう。あなたの誠実さがきっと相手に伝わると思います。

Chapter 4

″心を開いて″相手と仲良くなろう！

Case 21

悩みを相談したい

　悩み事を誰かに相談したいとき、例えば日本人なら、上司や先輩に「悩んでいることがあるので、少し時間を頂けますか？」と言えば問題ありません。けれどもアメリカ人の上司や先輩の場合は、これを直訳して **I have a problem. Do you have a minute?** とは言わない方がいいでしょう。**I have a problem.** と言うと「（組織の問題など）自分が原因ではない問題に巻き込まれて困っている」というニュアンスが出てしまい、相談相手にも原因があるように聞こえてしまいます。

　アメリカ人は「顔見知りからの相談に時間を取るのは当然だ」と考えることも多いので、**Do you have a minute?** と尋ねると"他人行儀"にもなります。日本語で考える丁寧さや謙虚さは、直訳すると伝わらないどころか誤解されることもあるので気をつけましょう。

「表情」や「声のトーン」で表現

　こうしたシーンで僕がよく使うのは、**Can I talk to you?**（お話しできますか？）というシンプルなフレーズです。相談相手（目上の人か同僚か）や相談内容（深刻なものかどうか）は、表情や声のトーンで表現すれば伝わります。とても便利なフレーズですから、表情や声のトーンを変えて使えるようにしましょう。

　アメリカで相談事を円滑に進めるには、「アドバイスを下さい」と一方的に頼むのではなく、「一緒に考えて、解決してもらえませんか」というように"自分の身になって考えてもらう"ことがポイントです。

　事実、現役時代の僕はコーチや監督に対して、**Could you give me some advice?**（アドバイスをもらえますか？）とは言いませんでした。

　この言い方だと（あなたは指導者なのだから、アドバイスするのは当然でしょう？）というニュアンスが入ってしまうからです。

　代わりに僕がよく使ったのは、**What would you do if you were in my position?**（あなたが私の立場だったらどうしますか？）というフレーズです。「一緒に考えてくれませんか？」というニュアンスを強調して伝え

られます。このようにして有効なアドバイスをいくつも
もらいました。

　同様に、**Have you ever had the same problem?**
（これまでに私と同じ問題を抱えたことがあります
か？）と尋ねてもいいと思います。これも一緒に考えて
ほしいという気持ちが伝わりますよね。相手は自分の身
になって考えてくれます。

相手を褒めてアドバイスをもらう

　相談相手を褒めて持ち上げ、気分よくさせるのも効果
的です。その方がアドバイスを得られやすい。

　例えば、成功の秘訣を聞き出したいときは、**What's
your trick?**（どんなトリックを使っているのですか？）
と、大げさに驚いたようなジェスチャーを入れて尋ねて
みる。笑いを誘えるので、秘訣を教え
てくれる空気が出来上がります。少し
「照れくさい」と感じるかもしれませ
んが、アメリカではこのぐらいが普通。
ぜひ試してみてください。

相談のきっかけを作りたい

Can I talk to you?

お話しできますか?

POINT　フレーズはシンプルに、表情や声のトーンで深刻さを表しましょう

　Can I talk to you?（お話しできますか?）は、相談したいときに使うシンプルな表現ですが、「同僚への気軽な相談」から「目上の人への深刻な相談」まで幅広く使えます。

　Could I talk to you?などと**Could**を使うとより丁寧になりますが、これはかえって相手によそよそしい印象を与えてしまいます。内容の深刻さは、表情や声のトーンで表せば伝わるので問題ありません。

　大事な相談であれば、真剣な表情を浮かべ、静かで低いトーンで話せば、「とても大事な相談なんだな」と相手は察してくれます。表情や声のトーンは意識して使い分けてください。

アドバイスがもらいたい

What would you do if you were in my position?

あなたが私の立場だったらどうしますか?

アドバイスは、**What should I do?**（私はどうすべき
ですか?）と言ってももらえたりしますが、「自分の立
場になって考えてもらえませんか」というニュアンスを
丁寧に伝えるには上例のように「もしも〜だったら」の
仮定法を使うといいでしょう。

コツを聞きたい

What's your trick?

どんなトリックを使っているのですか?

trickは手品の種や仕掛け（トリック）のこと。「それ
ってどうやったのですか」などと直球で聞くよりも、大
げさなジェスチャーでこう言うと、相手も笑顔になって
気分よく答えてくれるでしょう。

相談相手を
持ち上げる

You're the man!

　男らしい男性に対しての褒め言葉に限定されますが、**You're the man!**は「男の中の男だね！」は、「あなたは本当にすごい！」という意味が相手に伝わります。

　相談前なら **You're the man! What would you do if you were in my position?**（あなたは本当にすごい！ あなたが私の立場だったらどうしますか？）などと使います。

　このフレーズは良いアドバイスをもらったときにも使えます。例えば、**I appreciate you giving me the advice. You're the man!**（アドバイスありがとうございます。あなたは本当にすごい！）です。

助けてもらいたい

　チームで仕事をしていると、どうしても **Can you help me?**（ちょっと助けてくれない？）と声をかけ合う機会が多くなります。渡米してしばらく経った頃、**Can you help me?** の使い方にはコツがあることに気づきました。相手から上手に **Yes** を引き出せる人の言い方には、さりげない工夫があったのです。

唐突に「助けて」とは言わない

　英語の教科書ならともかく、相手に向かって唐突に **Can you help me?** と言うのはあまりよくない。いきなり「助けてほしい」なんて言われたら、誰でも警戒しますよね。大事なのは、その前に助けてほしい理由を伝えること。理由をはっきり伝えれば、相手に共感を持ってもらえて協力を得やすくなります。

　例えば自分の仕事を同僚に手伝ってもたいたい場合は、**I need to get this done before the conference call this afternoon. Can you help me?**（今日の午後の電話会議までにこれを終わらせなければいけません。手伝ってもらえませんか？）などと言います。

　助けを求めるフレーズの終わりに **for me**（私のために）をつけ加えるのもいいでしょう。それだけで、相手の印象は大きく変わります。

　例えば、**Can you do this?**（これをやってもらえませんか？）とだけ言われるのは、どこか命令調でちょっとイラッとします。しかし **Can you do this for me?** と言われるとそんなに悪い気はしません。

　これは **for me** に「本当に申し訳ありませんが」というニュアンスが含まれていチるからです。目上の人などに対して、さらに丁寧に言う場合は **Could you ～?** に代えて **Could you do this for me?** と言います。「本当に申し訳ございませんが、これをやっていただけませんか？」と、謙虚な気持ちが強く伝わります。

気分よく「Yes」と言ってもらう

　もう１つとっておきのコツを教えましょう。**Can you**

help me?と言う前に「あなたはそれを上手にできる人だから（お願いしたい）」というニュアンスのフレーズを加えて相手を持ち上げるのです。褒められて気分が良くなれば多少の無理を押してでも助けてあげたくなるのが人情ですよね（笑）。

　例えば、**I know you have good taste. Can you help me design the flyer?**（あなたはセンスがありますよね。チラシのデザインを手伝ってもらえませんか？）などはどうでしょう。ほかには、**I know you are good at this.**（あなたはこれが得意ですよね）だけでも悪い気はしないはずです。**I remember you did great last time.**（前回とてもうまくやっていましたね）や、**I can do this by myself, but you are much better than me.**（自分でもできそうですが、あなたの方が私よりはるかに上手だと思っているんですよ）と言ってもいいでしょう。

　こうしたフレーズを使うときは、お願い事の内容にふさわしい態度や表情を意識することも忘れずに。

仕事を手伝ってもらいたい

I need to go see a client.
Can you help me finish the
rest of this work?

クライアントのところに行かなければなりません。残りの作業を手伝ってもらえますか?

POINT　最初に理由を説明するのがポイント。丁寧に頼んでいることが相手に伝わります!

　時間がない。誰かに仕事を手伝ってもらいたい。そんなとき、**Can you help me?**といきなり助けてほしいと伝えるのはあまりよくありません。状況によって相手は身構えてしまい、手伝ってもらえなくなることも…。

　そうならないためには、まずは手伝ってもらう理由から話し始めるといいでしょう。

　上例の場合、**I need to go see a client.**とクライアントのところに行かなければいけないという理由を説明したうえで仕事を手伝ってほしいと頼んでいます。こうすることで、とても急いでいて困っているというニュアンスが相手に伝わり、共感を得られやすくなります。

謙虚な気持ちで頼みたい

Can you do this for me?

(私のために) これをしてもらえませんか?

　Can you do this?だけだと、やや命令口調でぶっきらぼうに聞こえます。終わりに**for me**(私のために) を加えるだけで「謙虚な気持ちでお願いしています」というニュアンスが相手に伝わります。

気持ちよく引き受けてもらいたい

I know you are good at this. Can you help me?

これはあなたの得意分野ですよね。手伝ってもらえますか?

「あなたはこれが得意ですよね」と褒められたら悪い気はしませんよね。「あなたは〜ができる人だから」と助けを求める理由を伝えて相手の気分を良くすれば、**Yes**を引き出しやすくなります。

助けを求められたら どう答える?

"You got it."

"I wish I could, but..."

　You got it.を直訳すると「あなたはそれ（私の助け）を手に入れました」。つまり「承知しました」という意味になります。他に**Of course!**（もちろん！）や**No problem.**（問題ありません／喜んでお手伝いします）などもよく使われます。

　一方、断る場合は**I wish I could, but I'm having a meeting soon.**（手伝いたいのはやまやまなのですが、もうすぐ打ち合わせなんです）など理由をつけてやんわりと断りましょう。

Case 23

感謝の気持ちを
伝えたい

　感謝の気持ちを伝えるときに、**Thank you.**以外のフレーズを使っている日本人を見ると「英語をしっかり勉強しているな」と感心します。お礼の一言を言う瞬間は、相手と親密な関係を築くチャンス。状況によって使い分けられるようになりましょう。

「Thank you.」以外で感謝を伝える

　まず押さえておきたい万能フレーズは、**I appreciate it.**（あなたがしてくれたことに感謝します）。カジュアルとフォーマルの両方の場で使えるので、**Thank you.**の置き換えに最適です。

　仕事でサポートしてもらったり、食事をご馳走になったりした時は、**I owe you.**（借りができました）が便利です。誰にでも使える表現で「次回は私がサポートしま

す（もちます）」といったニュアンスを含みます。

ほかには、**I owe you one.**（1つ借りができましたね）や **I owe you big.**（大きな借りができましたね）という言い回しもあります。

これらは僕もチームメートに食事をおごってもらったときによく使っていました。気の知れた相手には、少し怒った表情で言うのがポイント。「本当は借りなんて作りたくなかったんだけどな！」というジョークにもなるのでいいですよ（笑）。もちろん、相手には感謝の意が十分に伝わります。

「大げさな表現」に慣れよう

大げさに感じるかもしれませんが、**Thank you! You saved my life!**（ありがとう！ あなたは命の恩人です！）も便利です。例えば、待ち合わせ場所の地図を送ってくれた相手には、**Thank you for the map. You saved my life!**（地図を送ってくれてありがとう!）と使う。いくらなんでも「命の恩人」はないだろうと思う人もいるかもしれませんが、アメリカ人は大げさな表現が大好きなんです。

例えば、**You changed my life.**（あなたは私の人生

を変えました）も日常的に使われます。照れずにどんどん使ってください。

　感謝の気持ちを伝えるとき、言葉と同じくらい重要なのが表情や目線、声のトーンです。**I appreciate it.**や**Thank you.**のたった一言でも、相手の目を見て丁寧に言えば、深い感謝の気持ちが伝わります。

　一方、視線を外してそっけなく言えば、「感謝なんてしてないよ」という逆の意味になってしまう。これは日本語でも一緒ですね。ぶっきらぼうの「ありがとう」では意味がありません。真意が誤解されないように、表情や目線には注意しましょう。

　感謝の言葉にはどう返すか。アメリカ人から**I really appreciate it.**や**You saved my life.**と感謝されたとき、**No No…**（いえいえ…）と謙遜して黙ってしまう日本人は少なくありません。この返しはアメリカではNG。

I'm so proud!（誇らしいよ!）、**Any time!**（またいつでも手伝うよ!）などと、同じく少し大げさに明るく返す方がいいと思います。

手伝ってもらった人へお礼を伝えたい

I appreciate your support.

あなたのサポートに感謝します。

> **POINT**　Thank you.以外にも「思いが伝わるフレーズ」があります

　appreciateは（〜を評価する、称賛する）という意味の動詞で、**Thank you.**よりも丁寧な印象を相手に与えます。**I appreciate your support.**（あなたのサポートに感謝します)と使いましょう。

　I appreciate your help.（手伝ってくれてありがとう）のように、**appreciate**の後に「感謝の対象となる行為」を置くのも、よくある使い方です。

　Thank you. I appreciate it.（ありがとうございます。心から感謝しています）のように、組み合わせて使ってもいいと思います。

　ほかにも主語を省略した**Appreciate it.**という表現もありますが、これは親しい相手への呼びかけやメール文でよく使われます。

ご馳走になったときのお礼を伝えたい

I owe you.

借りができましたね

　食事をご馳走になったときなどに使える表現です。ア
メリカでは **I owe you one.**（1つ借りができましたね）
や **I owe you big.**（大きな借りができましたね）という
フレーズがよく使われます。

ものすごく感謝していることを伝えたい

You saved my life!

どうもありがとうございます。
（あなたは命の恩人です!）

　仕事上のトラブルを解決してくれた同僚や助言をくれ
た上司にお礼をしたいときなど、ものすごく感謝してい
ることを伝えたい場合の一言です。日本語にすると少し
大げさに感じますが、日常的に使える表現なので気にせ
ずに使ってみてください。

「遠慮」の言葉でも「感謝」は伝わる

You shouldn't have.

そんなことしなくてもよかったのに。（でも、ありがとう）

　お土産をもらったとき、日本では「お気遣い頂かなくて結構ですよ」と、遠慮の言葉を口にしながら感謝の意を示す習慣がありますよね。いかにも日本的な作法と思われがちですが、実は英語の世界にも同じような言い方があります。

　You shouldn't have done it.（そんなこと、あなたはすべきではなかったのに）を省略した**You shouldn't have.**のような表現です。笑顔で明るく言えば「ありがとう」という気持ちが相手に伝わります。

Case 24

聞き上手になりたい

　様々な国や地域から個性豊かな人間が集まり、１つの
チームを作っているのがメジャーリーグの球団です。そ
んな環境で信用を得るために、僕は「話し上手になるよ
り先に、聞き上手になること」を目指しました。

　とはいえ単に黙って話を聞いて、相手に **You got it?**
（理解できていますか？）と尋ねられるようではダメで
す。そういえば、話をじっくり聞いていたときに意地悪
な知人から**What did I say?**（俺が何をしゃべったか言
ってみなよ）などと言われて悔しい思いをしたこともあ
りました。

自然な「相づち」をマスターする

　そんな僕が聞き上手になるためにまず実践したのは、
相手が強調したいフレーズや単語をリピートする方法で

した。「なるほど、なるほど」と自然な相づちを打つ感覚で、フレーズや単語を繰り返します。

　例えばチームメートが **My family came to watch the game yesterday. They were right above our dugout.**（昨日は家族が試合を見に来ていたんだ。ダグアウトの真上の席だったんだよ）と言ってきたら、**Right above the dugout?**（ダグアウトのすぐ上に？）と笑顔で返せばいい。繰り返した言葉が相手が言いたかったこととずれていても、「ちゃんと聞いてくれている」ということは伝わります。

　注意したいのは、**I know, I know.**（そうそう）や **Exactly.**（その通りですね）などの表現です。これは「カラ返事」をしているように思われたり、「知ったかぶり」をしているように見えたりすることがあります。シンプルなフレーズなので連呼したくなるかもしれませんが、逆効果にならないように注意しましょう。

　相手が話している内容についていけていない場合でも、何とか話をつなげていこうとする姿勢が大事です。

　会話で相手が気にしているのは、「興味を持って話を聞いてくれているかどうか」。ですから、話している内容がよく分からなくても、気になった点を質問してみたり、思いついた感想を伝えたりしてみてください。

　そういえば以前、こんなことがありました。僕のチームメートだったベンジー・モリーナと2人の弟たちは、3人ともメジャーリーグの捕手です。これはファンの間では有名な話ですが、僕がある人に **The Molina brothers, Bengie, Jose, and Yadier, are all Major League catchers.**（ベンジー、ホセ、ヤディアーのモリーナ3兄弟は、全員がメジャーリーグの捕手なんですよ）と言ったとき、**I know that.**（あぁ、知ってますよ）と返してきたことがありました。相手の表情を見ると、それを知らないことは一発で分かりました。こうした「知ったかぶり」をされると、話を続ける気持ちが一気に萎えてしまいます。

　一方、3兄弟がメジャーの捕手で活躍していることを知らなくても、**Their mother must be proud.**（母親はさぞ誇らしいでしょうね）などと切り返してきたらどうでしょう。その人はきっと「聞き上手」なんだと思います。こうした素直な感想を言ってくれる人はとても好感が持てますし、もっとたくさん話したいという気になります。

話をしっかり聞いていることを伝えたい

相手 **I got a new contract yesterday.**

昨日、新しい契約を取りつけたんです。

自分 **You got a new contract?**

新しい契約を取りつけたんですね?

> **POINT** 相手が強調したフレーズや単語をリピートするといいでしょう

　話している人は、聞き手が「自分の話についてきているか」「興味を持ってくれているか」を気にします。聞き手が英語のネイティブでなければなおさらです。

　相手に「ちゃんと理解していますよ」と伝える最も手軽な方法は、相手が強調したポイントやキーワードをリピートすることです。上の例では「新しい契約」がリピート対象になります。相手はそのことをもっと話したいと思っているので、話がスムーズに続きます。

詳しくはないけれど、興味があることを伝えたい

相手 **The Molina brothers are all Major Leaguers.**

モリーナ兄弟は、全員が
メジャーリーガーなんですよ。

自分 **Their mother must be proud.**

母親はさぞ誇らしいでしょうね!

自分 **I didn't know that.**
知らなかったなぁ。

I know that. 聞いたことありますよ。

　知らない話題だからといって **I didn't know that.** と
反応するだけでは、話す人に（この先は聞きたくないの
かな?）と思われてしまいます。**I know that.** などと知
ったかぶりをするのもNG。そのまま話が進めば恥をか
くことにもなりかねません。こんなときは頭に浮かんだ
素直な感想を言葉にするのがコツです。このケースなら
3兄弟の母親が息子たちを誇りに思っているであろうこ
とが想像できます。

One Point
Lesson

相づちは大げさが
ちょうどいい

Seriously

　洋画や海外ドラマの会話シーンでよく見かけるネイティブの相づちは、日本人からすると恥ずかしいくらいに大げさです。でも、彼らにとってはそれが普通、ちょうどいいのです。

　英語初級者は相手の話を黙って聞きがちですが、少し大げさなぐらいの相づちを恥ずかしがらずに使ってみてください。

　例えば、**Seriously?**は使いい勝手がいい便利な表現です。語尾を上げると「本当なんですか？」と驚きの気持ちを表せて、語尾を下げると相手への共感を表す「そうなんですね」というニュアンスを伝えられます。

アドバイスをしたい

アメリカ人に「こうした方がいいんじゃない？」と言おうとして、**You should**（あなたは〜すべき）や **You must**（君は〜しなければならない）といった断定的なフレーズを使う人がいます。このような表現は"上から目線"と相手に思われてしまうので注意が必要です。

"上から目線"は、かっこ悪い

僕自身、メジャーリーグの生活で **should** や **must** を使って指導されたことは記憶にありませんし、コーチの立場になった現在、自分が使うこともありません。相手に気を配って **I suggest that you check your pitching form.**（投球フォームをチェックしてみてはどうだろう）と言ったり、**If I were you, I would check my pitching form.**（もし私があなただったら、自分のフォ

ームをチェックしてみるよ）と、少し遠回しな言い方を
したりします。

　一人ひとりが自立したプロの世界では、「コーチだか
ら偉い」という理屈は通りません。これはビジネスの世
界でも同じだと思います。

　名の通った監督や経営者ほど目下の人への表現に気を
配っている印象があります。彼らは **should** や **must** を使
って偉そうに話すのは「かっこ悪い」と考えています。
命令口調で立場を主張したがるリーダーには、ぜひ見習
ってほしいですね。

友人にはshouldが有効

　一方、仕事を離れたところで友人や仲間に何かを勧め
るときには、**should** や **must** が力を発揮します。

　僕はメジャーリーグ時代の知り合いから **Do you
know any good Japanese restaurant?**（どこかいい
日本食のレストランを知らない？）とよく聞かれます。
そんなときは **You should go to this restaurant.**（絶
対にこの店に行くべきだよ）や、**You should check this
out.**（ぜひこの店に行ってみてよ）などと言います。

　この場合の **should** は「イチオシの店」という気持ち

を伝えるのに有効です。

　同様に特定の料理を強く薦めたいときは、**You should try this!**（これは食べなきゃダメだよ！）と言うといいでしょう。そこまで言われると食べてみたくなりますよね。一方、**I suggest going to this restaurant.**（私はこの店をお薦めします）も間違いではありませんが、少し他人行儀で押しが弱いと思います。

　人生のベスト３に入るような映画や本を薦めたいときは、その思いを**must**で表現するといいと思います。**You must watch this movie.**（この映画は絶対に観ておくべき）、あるいは**It's a must-watch movie.**（これは必見の作品ですよ）と言えば、「あなたと感動を共有したい！」という気持ちが伝わるはずです。

　このように、**should**や**must**を使った表現で人から何かを薦められたときは、**Wow!**（ウォ！）や**Great!**（すごい！）と笑顔で大げさに反応してください。それが相手へのマナーです。実際にその薦めに従うかどうかは、後で決めればいいことですから（笑）。

自分の提案を伝えたい

I suggest you think out of the box.

既成概念にとらわれずに物事を考えてみてはどうですか。

> **POINT** suggestは、shouldやmustと違い「上から目線」と思われません

　アメリカのビジネスシーンなどで誰かに自分の提案を伝えたいときは、**should**（〜すべき）や**must**（〜しなければならない）を使うと、「上から目線の偉そうなヤツ」という悪い印象を相手に与えてしまう危険性があります。

　こういうときは、**I suggest you think out of the box.**（既成概念にとらわれずに物事を考えてみてはどうですか）というように、相手に気を配って**suggest**（提案する）を使うか、**If I were you, I would 〜**（もし私があなただったら、〜する）といった仮定法を用いた柔らかい表現で伝えるといいでしょう。

友人に「おいしい店」を薦めたい

You should check this out.

（店の話をした後で）ぜひここに寄ってください。

　ビジネスシーンでは「上から目線」の印象を与えることがある**should**ですが、仲間同士の気軽な会話の中では、「自信を持ってお薦めするよ」という気持ちを相手に伝えられます。

大好きな映画を観てもらいたい

You must watch this movie.

**（映画の話をした後で）
この映画は私のイチオシです。**

　shouldよりさらに「強い表現」の**must**は、大好きな映画などを「絶対に観て！」と薦めたいときに使える表現です。「この作品の感動をあなたと共有したい」という気持ちが伝わるはずです。

One Point
Lesson

食べ物を薦めるときに
使えるジョーク

Don't worry.
It won't bite.

　biteは「噛む」という意味の動詞で、**Don't worry. It won't bite.**（噛みつかないから大丈夫ですよ）は、馴染みがない食べ物に戸惑っている人に対して気軽に使えるジョークです。

　例えば、外国人に馴染みのない日本食を薦めるときに有効です。尾頭付きの刺し身盛りを見て驚いていたり、納豆の前で気後れしたりしている外国人のお客様に言ってみるといいでしょう。

　笑いが生まれて、その場の緊張もほぐれること間違いなしです。

Case 26

相手の体調を
気遣いたい

　スポーツの世界に身を置いていると、その日の身体の
コンディションやケガの回復具合といった「健康面」に
ついて話す機会がよくあります。体調が万全でないとき
にチームメートから気遣いの言葉をもらえるとうれしい
もの。ですから僕は、誰かの体調が気になったときは自
分から声をかけるようにしています。そんなときに使え
るフレーズを紹介します。

「具合が悪そうだね」と直接言わない

　声がけにもマナーがあります。試合や練習を終えた後
に具合が悪そうな選手がいたときは、唐突に **You look
sick.**（顔色が悪いね）といったネガティブな言い方はし
ません。**You've had a long day.**（長い１日だったね）
と、「お疲れさま」という意味を込めて言います。試合

や練習が終わっていなければ、**You are having a long day.**（今日は長い1日だね）と時制を現在進行形に変えればいい。この一言だけでも相手を気遣う思いがしっかり伝わります。

相手の体調不良が明らかな場合は、**You need some rest. Why don't you go home?**（休んだ方がいい。家に帰ってはどう？）と言ったり、あるいは、**Don't work too hard.**（頑張りすぎないで）などと声をかけるといいと思います。

Don't give 100%. Give 80%, and you are going to be fine.（無理に100%の力を出さなくていいよ。80%でうまくいくはずだから）といったアドバイスも、「力を抜くことでパフォーマンスが向上するよ」ということを相手に伝えられて、気遣いになります。

「いつでも電話してね」と言う

体調を崩している人が出張などで1人でホテルに泊まったりしている場合は、**You can call me anytime!**（何かあったら、いつでも電話してね）と少し大げさに声をかけます。電話をかけてくることはほぼありませんが、「心から心配しているし、気にしています」という思い

が伝わります。

　ケガや病気から復帰してきた人には **So you're perfect now, huh?**（もう完璧だね！）などと、あえて冗談交じりの言葉をかけるのもいいですね。その場が明るい雰囲気になります。

　落ち込んでいる相手であれば、まずは **Don't think too much.**（考えすぎはよくないよ）と声をかけてあげるのもいいでしょう。現役時代に僕は、スランプで苦しんでいるチームメートには **When I feel something is not right, I watch videos of myself playing well.**（うまくいかないときは、自分の良い状態の時の映像を見ることにしているんだ）と言っていました。自信を失って悩んでいるときの特効薬は、自分がベストの結果を出していた状態を強くイメージすることだからです。

　ですから、同僚が悩んでいたら **Remember the time you did great at the meeting last year?**（去年の会議で君がとても良い提案をしたときのことを思い出してみて）などと声をかけてみてはどうでしょうか。

疲れた様子の相手をねぎらいたい

You've had a long day.

長い1日でしたね。

POINT 勇気を持って一声かければ人間関係が良くなります

　疲れている相手に一言声をかけてねぎらいたい。そんなとき、ストレスがかかる業務で疲れた様子の相手にいきなり「具合が悪そうだね」というのは気遣いに欠けているといえます。

　もっと自然に相手を気遣うなら、**You've had a long day.**と、「長い1日でしたね」と声をかけるだけで十分です。それで「大変でしたね。大丈夫？」というニュアンスが伝えられます。

　終業後のタイミングであれば現在完了形の**You have had 〜**を用い、就業中であれば**You are having a long day.**と現在進行形にします。

　翌日になってから声をかける場合は**You had a long day.**と過去形を使いましょう。

You need some rest.
Why don't you go home?

休んだ方がいいですよ。
家に帰ってはどうですか？

　Why don't you ~?は、「〜してはいかがですか」いう意味で、気軽な提案をするときによく使います。**Don't work too hard.**（頑張りすぎないでくださいね）などと声をかけてもいいでしょう。

Don't think about it too much.

考えすぎはよくないですよ。

　悩みすぎていたり、スランプに陥っていたりする人に効果的なフレーズです。ほかにも「病は気から」という**Your mind controls your body.**も万国共通なので、雰囲気を察して声をかけてあげれば喜ばれるはずです。

One Point
Lesson

「パワーナップ」で
体力回復

Let me take
a power nap.

Let me take a power nap.（パワーナップを取
らせてください）は、疲れているときに少し仮眠を
取りたいときの一言です。「パワーナップ」とは20
分程度の短い昼寝（仮眠）のことで、疲労や集中力
の回復に効果があるといわれています。

　こうした仮眠は、米国ではトップアスリートはも
とより、大手企業が制度として導入するケースも増
えていて、日本でも注目され始めています。「パワ
ーナップ」は近い将来、ビジネス英語の定番フレー
ズになるかもしれません。

Case 27

困っている人を
助けたい

　メジャーリーグには毎年、世界中からたくさんの新人選手がやってきます。最初はチームに馴染めず、日常生活にも苦労する選手が少なくありません。チップの払い方にさえ戸惑う選手もいる。僕も渡米した頃はそうでしたから、彼らの気持ちがよく分かります。だから誰かを見て、「困っているな」と思ったら、自分から声をかけるように心がけていました。

「手伝えること」を聞く

　例えばこう言ってみてはどうでしょう。**You need some help? Let me know if you do. You know how to reach me.**（何かできることはある？ 遠慮しないで教えてよ。連絡先は分かるよね）。

　これはカジュアルな表現だし、実際はできないことも

あるのですが、相手はこちらの思いに気づいてくれます。

　周囲の人のピンチは、その人との距離を縮める絶好の
チャンスです。にもかかわらず、余計なお世話だと思わ
れたくないからか、多くの日本人は声をかけることさえ
ためらいがちです。せっかく口を開いても**Would you
like some help?**といった"教科書通り"の堅苦しいフレ
ーズで、逆に相手を堅くさせてしまうケースをよく見か
けます。

　「とにかく丁寧に言えば相手は気を良くする」というの
は、日本人の大きな勘違い。肩肘張らない自然な表現の
方が、相手を慮る気持ちが強く伝わります。初対面の相
手であれば、**Is there anything I can do?**（私に何か
できることはありますか？）と言うと、マナーが良く、
無難です。失礼だと思われることはまずありません。

　とはいえ、次回からは**Anything I can do? Ask me
anytime.**（できることはありますか？ 何かあればいつ
でも言ってください）と、気軽なフレーズに切り替えて
関係を深めるのがコツです。

落ち込んだ相手を一言で励ます

　失敗を悔やんだり、悩んだりしている相手を励ます

「使える一言」があります。

　僕がメジャーに入って間もない頃の話です。リードしていた試合のリリーフ投手として登板したにもかかわらず、打たれて逆転負けをし、ひどく落ち込んだことがありました。勝ちをふいにしてしまったわけですから、ロッカールームではチームメイトと目を合わせるのも辛い。そんなとき、その試合の先発投手の一言が、私の暗い気持ちを吹き飛ばしてくれました。

　チームメイト：（私のそばに来て不機嫌そうに）**You didn't do it on purpose, right?**（お前、わざと失敗したんじゃないんだろ？）。僕：**Of course not.**（もちろんだよ）。チームメイト：（パッと笑顔になって）**That's okay then. Forget about it.**（じゃあ気にするな。もう忘れろよ）。

　笑顔で言われる心のこもった**Forget about it.**が、どんなフレーズよりも相手を励ます力があると知りました。皆さんもぜひ使ってみてください。

（目上の人に）手伝えることを聞きたい

Is there anything I can do?

私に何かできることはありますか?

> **POINT** 積極的に声をかけると相手との距離がぐっと縮まります

　外国人の多くは「日本人は控えめで、なかなか自分からは声をかけてくれない」と思っています。日本人は特に、「目上の人に対して出しゃばらない」のが無難だと思う傾向があります。でも、アメリカ人は、相手が目上の人であっても、自ら進んで「手助けする姿勢」を見せます。それができれば、「この日本人はちょっと違うな」と、好印象を勝ち取ることができます。

　目上の人に対して手伝えることを聞きたいときは、**Is there anything I can do?**（私に何かできることはありますか?）と言いましょう。「大丈夫」という返事が返ってくることが多いと思いますが、気にかけてくれている、何かあったときに助けてくれる相手がいると思うだけで、相手の気落ちが楽になります。

（同僚や友人に）手伝えることを聞きたい

You need some help?

何か手伝いましょうか？

　同僚や友人が困っているようなら、助けがいるかどうか積極的に聞いてみましょう。**Ask me whenever you need help.**（助けが必要なときはいつでも言ってください）という表現を使って声をかけてあげてみてはどうでしょうか。

落ち込んでいる相手を励ましたい

Forget about it.

もう忘れなよ

　このフレーズは、仕事で失敗して落ち込んでいる同僚を励ますときに使えます。「次に進もうよ！」という気持ちを込めて言いましょう。似たようなフレーズでは、Case26でも紹介した**Don't think about it too much.**（考え過ぎはよくないですよ）も有効です。

One Point Lesson

「共感」が伝わる 表現を使おう

　励ましの言葉は、相手の悲しい気持ちに「共感」していることを伝えるのがコツです。**I'm sorry to hear that.**（残念でしたね）や **It must have been tough.**（それは大変でしたね）では、それが伝わりにくい。「共感」を強調するなら、**I know how you feel.**（その気持ち分かるよ）や、**I've been there before.**（同じ経験したことあるよ）を使うといいでしょう。

"I'm sorry to hear that."
"It must have been tough."

"I know how you feel."
"I've been there before."

Chapter 5

メジャーリーグの夢をかなえた "超実践" 英語勉強法

リスニングを強化し、フレーズを丸暗記

　この章では僕の英語学習法について紹介したいと思います。最初に英語を本格的に身につけようとしたきっかけからお話しします。

　きっかけは立命館大学の野球部時代に、米シアトルで開催された親善試合でした。大学でも英語の勉強はしていましたが、実践的な英語は未経験だったので、そこでは全く通じませんでした。

　そのときに、「あぁ、俺ってこんなに英語ができないんだ」と痛感しました。そこから英語の勉強熱が高まっていきました。

「最初はどんな勉強をしましたか？」とよく聞かれますが、リスニングや文法についての参考書を買い漁り、様々な勉強法を試しました。大学を卒業してプロ野球のオリックス・ブルーウェーブ（当時）に入団してからは、外国人のピッチングコーチに英語で話しかけたりして、

日本にいながらにして、できるだけ英語に触れるようにも心がけました。

簡単な英語の質問にも答えられなくて…

そうするうちに、コーチとも英語でそれなりにコミュニケーションが取れるようになっていったのですが、これが甘かった。

オフシーズンにカリフォルニアにあるコーチの家に遊びに行ったときのことです。コーチの友人が僕に話しかけてきたのですが、何を言っているのかさっぱり分からない。聞き返しても分からない。日本にいるとき、コーチとはそれなりに英語でコミュニケーションを取れるようになったのに、です。

後でコーチに尋ねたら、「彼は **Where are you staying at?**（どこに泊まってるの？）って聞いていたんだよ」と。驚きました。そんな簡単な質問も聞き取れなかったのです。

恐らくコーチは、僕と話すときは英語が得意でない日本人でも理解できるように、ゆっくり、そして分かりやすい英語で話してくれていたんだと思います。

それからは特に、「まずは相手が何を言っているか分

かるようになる」という目標を立て、リスニングを重視
して勉強するようになりました。

映画のセリフを丸暗記

　プロ入り３年目からは、オフシーズンになると、アメリ
カで自主トレをするようにして、"生の英語"に触れる
機会を増やしました。そしてホームステイ先のアメリカ
人やコーチとやり取りする中で、様々な表現を吸収して
いきました。

　日本にいるシーズン中は、英語のリスニング教材をい
ろいろ試しましたが、一番力を入れてやったのは、映画
のセリフを字幕を見ながら確認して、使えそうなフレー
ズを丸暗記することでした。

　特にケビン・コスナーが主演したメジャーリーグを舞
台にした「フィールド・オブ・ドリームス」は大好きで、
何回も見てフレーズを覚えました。

　セリフがまとまった本を買ってきて、映像と合わせて
読んだり、映画の音を録音して新幹線で聞いたり…。映
画の「英語字幕」は、楽しみながら学習できるのでお勧
めです。難しい表現を使う映画もありますが、まずは僕
のように大好きな映画から試してみてはどうでしょうか。

　ほかにも、家ではCNNのニュース番組や海外のドキュメンタリー番組を流して、英語をできるだけ耳に入れるようにしました。移動中の車内でも、リスニングの教材を聞き続けるようにしました。

　トイレには単語帳を常に置いて、語彙力の強化を図りました。今ならスマートフォンやゲーム機用の学習教材があるので、単語の綴りだけでなく、音声も確認できて便利ですよね。

「実際に聞こえる音」は違う

　英語の学習で難しいのは続けること。継続のコツとしては、初めはとにかく生の英語に慣れることだと思います。僕は使えそうなフレーズを丸暗記しました。

　ある程度基礎が身につくところまでやったら、後は楽しめるように「遊び感覚」で英語学習に向かうことも続けるコツだと思います。

　苦労もしました。僕は関西出身でもともとおしゃべりなんですが、学習当初は、英語になると思うようにしゃべれないことがつらかったですね（笑）。

　また、文字で理解している音と、実際に聞こえる音が違っていることも厄介でした。

僕の英語学習遍歴

1987年
18歳

大学野球時代

"生きた英語"の必要性を実感

　立命館大学野球部時代、「グッドウィル・ゲームズ」という親善試合でシアトルへ行き、学校で学んだ英語だけでは通用しないと痛感する。それからは、様々な英語教材を購入し、真剣に英語習得に取り組み始めた。

1991年
22歳

日プロ野球時代

メジャーを目指して英語を独習

　プロ入り3年目から、シーズンオフにはアメリカで自主トレをするようになり、ホームステイ先で実践的に使える英語を磨くようになる。日本にいるときは、英語で放送されているニュース番組や映画などを活用して、リスニング力を強化。最初は簡単な英語も聞き取れなかったが、段々とネイティブらしい発音などが分かるようになる。

次ページに続く

1997年
28歳

米メジャー時代

メジャーではチームメートとの会話で特有のクセを身につける

　メジャーリーグのエンゼルス1年目は、会話が理解しきれなかった。そこで英語をしっかり聞き、ゆっくり話す機会を作るために、チームメートと少人数で出かけるよう心がける。仲間との会話から、英語が上手なことよりも、自分の得意分野など「話の中身」が大切ということも分かり、アメリカ人が興味を持つ日本の歴史なども英語で勉強を始めた。

2006年
37歳

英語学習を続け、メジャーリーグの解説や英語でのビジネスなど、活躍の場を広げている

　日常会話に不便を感じないレベルの英語力を身につけた現在も、英語学習を続けて活躍の場を広げている。

例えば、僕が聞き取れなかった**<u>Where are you</u> <u>staying at?</u>**（どこに泊まってるの？）は、カタカナで表現すると、「ウェアユーステナー？」のようになります。ほかにも、**I am going to**は、**I'm gonna**（アイムゴナ）になったり、**I want to**は、**I wanna**（アイワナ）になるなど、特にアメリカ英語で見られる単語同士がくっついて音が変わるという特徴に戸惑いました。

そうした音は、実際にネイティブが話している生きた英語からしか得られません。ですから、映画のセリフがとても役立ちました。このほか、ネイティブが使う表現のパターンをつかむ勉強では、アメリカの口語表現がまとまった本を使っていました。

そして僕はプロ入りから6年で、念願のメジャーリーグに行けることになりました。

当時は、週に1回イチロー選手とご飯を食べるくらいで、後は外国人のチームメートと食事をしていたので、その中で「会話ならではのクセ」も聞き取れるようになっていきました。

最初はブロークンでもどんどん英語で話すように心がけ、実践での英会話力を磨いていきました。

会話が過不足なくできるようになってからは、「現在完了形」や「過去完了形」なども使えないとネイティブ

「英語習得」の心得3カ条

1 初めはリスニングを重視し、「理解できる」という自信をつける

最初は聞き取れなくても、耳を英語に慣らす。次第に「I'm going to＝アイムゴナ」など、スピードの速い会話で生じる"音の変化"も聞き取れるようになる。

2 とにかく積極的に英語を話す。そして、恥をかきながら覚える

日本人は誰しも学生時代の英語教育で「英語の基礎」は持っているので、恥ずかしがらずに使ってみることが大切。間違えて恥をかくと、正しい表現を覚えられる。

3 "効率的な学習"よりも、楽しく続けられる方法で学ぶ

英語学習は「続けること」が大切。好きな映画やテレビ番組、本を教材にするなど、「どうしたら楽しんで学べるか」を優先して考えるといい。

英語学習の優先順位

まず強化
- リスニング
  ↓
- スピーキング

後回しでもいい
- 単語・文法
- ライティング

の英語に近づけないと感じ、改めて英文法のおさらいも
しました。

勉強熱心な日本人は、英語を身につけられる!

アメリカに行って気づいたことがあります。メジャー
リーグでは中南米から来た選手も多くいましたが、彼ら
はブロークンな英語でも全く気にしないため、とにかく
話すことはできる。一方で、恥ずかしいという気持ちが
弱いためか、英語を勉強する姿勢があまりなく、ブロー
クンから脱するのが難しい。

そう考えると日本人は、学校で学んだ英語の基礎があ
るうえに、真面目で勉強熱心な国民性もある。

ですから、"生の英語"にたくさん触れ、勉強を積み重
ねさえすれば、他の非ネイティブの人たちより、レベル
の高い英語が身につけられると思っています。

上達のために覚えておきたいこと

1 wanna／gonna
「音の変化」を聞き取れるようにする

「want to」が「wanna」に、「going to」が「gonna」になるなど、自然なスピードで話されたときに生じる「音の連結や変化の形」を覚えると、リスニング力が上がる。英語特有の音の変化のパターンを知り、英語を「文字ではなく音で覚えること」が大切。

2 Could you~?／Would you~?
「丁寧な表現」を使えるようにする

スラングから丁寧な言葉遣いまで、話す相手に合わせた表現を使い分けられるようにしないと、適切なコミュニケーションは取れない。例えば、見知らぬ人と話すときや公衆の場では、Can you 〜？ではなく、Could you 〜？を使うなど、丁寧な表現を使うよう心がけるといい。

3 have＋過去分詞
「完了形」の表現をマスターする

自分の過去を表現する時に多用する「have＋過去分詞」を用いる完了形は、特にしっかりマスターしておいた方がいい。

分からないときの「聞き返し方」

 # Pardon?

「え？」と聞き返し、同じ内容を言われても、分からない時は分からない。聞き返すときは、以下の2つのように、「どう話してほしいか」、伝えるといい。

 # Could you speak more slowly?

「ゆっくり話していただけますか？」の定番フレーズ。

 # Could you say that in another way?

表現や言葉が理解できないときに「言い換えていただけますか？」と具体的に伝えると、分かりやすい表現で言い直してもらえる。

お薦め英語教材

『アメリカ口語教本・入門用（最新改訂版）』

W・L・クラーク著／研究社
1900円（税別）

　シリーズ累計500万部を超える、アメリカの口語表現をまとめた英語学習書（CD付き）。入門用、初級用、中級用、上級用の4つがある。

『アメリカの小学生が学ぶ歴史教科書

ジェームス・M・バーダマン著、村田 薫編／ジャパンブック
1500円（税別）

　小学生が学ぶシンプルな英語で書かれた歴史教科書（英和対訳付き）。アメリカの歴史や文化を通して英語が学べる。

おわりに

　本書はまだ、世界中で新型コロナウイルスの影響が残っている状態での発刊となりました。海外に行く人だけでなく、海外から来る人もかなり減っています。語学留学や海外出張なども、前に比べると行きにくくなっています。

　そんなコロナ禍でも英会話のトレーニングはできます。僕が学習していた時代と違って、オンライン英会話もありますし、近所に外国人の方も住んでいることでしょうから、機会を作って英語を日常生活に組み込んで使っていってほしいと思います。

　そしてコロナの心配がなくなったら、どんどん海外に行ってほしい。現地で"生きた英語"に、たくさん触れてもらいたいからです。

　本書では27の「〜したい」というテーマに分けて、約100個の実践的なフレーズを紹介しましたが、いかがでしたでしょうか。

　見ていただけたらお分かりになると思いますが、どれも難しくないので使いやすいと思います。読んで終わりではなく、実際に試してみてください。

そして本書を作るにあたってご協力をいただいた方々に感謝の気持ちを伝えたいです。

　文書の構成や英語表現の監修をしていただいた日本映像翻訳アカデミーの新楽直樹さんと板垣七重さん、本書の編集を担当した日経BPの上岡隆さん、これまで様々なスケジュールの調整などをしていただいた夏子ワトキンスさん、本書についての意見などをいただいたパシフィックリーグマーケティングの根岸友喜社長と森亜紀子さん、僕の英語学習に協力してくれた知人や家族、そしてこの本を手に取ってくれたすべての皆様、本当にありがとうございます。

　本書がみなさんの夢や目標を実現するための一助となることを心から願っています。

2020年10月　長谷川滋利

※本書は日経ビジネスアソシエで連載していた「メジャーリーグで身につけた
　　長谷川滋利流 実践英会話術」を基に加筆・修正したものです。

長谷川 滋利　はせがわ・しげとし

元メジャーリーガー、野球解説者、
オリックス・バファローズのシニアアドバイザー

1968年兵庫県生まれ。東洋大姫路高校時代、甲子園に3度出場。
立命館大学卒業後の1990年、ドラフト1位でオリックス・ブル
ーウェーブ（現オリックス・バファローズ）に入団。12勝9敗
1セーブで新人王に輝くなど、1996年まで日本で57勝をマー
ク。1997年1月にアナハイム・エンゼルス（現ロサンゼルス・
エンゼルス）と契約し、メジャーリーガーに。2002年にシア
トル・マリナーズに移籍。2003年には連続29イニング無失点
で球団記録を更新。メジャーリーグ通算517試合登板は、日本
人歴代1位。2006年1月、現役引退を表明。2019年からは米国
でプロゴルファーとして活動を開始し、現在日本のPGAプロ資
格を取得すべく、プロテストに挑戦中。英語や米国生活に関す
る著書なども執筆。

■長谷川滋利のメンタルトレーニング（オンラインサロン）
https://community.camp-fire.jp/projects/view/319588
■長谷川滋利 公式サイト
https://shiggyhasegawa.com/

気持ちが伝わる！ 好かれる英会話

発行日	2020年11月16日　第1版第1刷発行
著者	長谷川 滋利
発行者	伊藤 暢人
発行	日経BP
発売	日経BPマーケティング
	〒105-8308　東京都港区虎ノ門4-3-12
編集	上岡 隆
構成・監修	新楽 直樹、板垣 七重(日本映像翻訳アカデミー)
協力	上野 陽子
装丁・レイアウト	中川 英祐(Tripleline)
印刷・製本	大日本印刷株式会社

©Shigetoshi Hasegawa 2020 Printed in Japan
ISBN 978-4-296-10765-0